westermann

W0282083

P.A.U.L. D.

Persönliches Arbeits- und Lesebuch *Deutsch*

5

Arbeitsheft

Herausgegeben von:
Laura Thurn und Alexandra Wölke

Erarbeitet von:
Sandra Greiff-Lüchow, Miriam Magdanz u. a.

Liebe Schülerin oder lieber Schüler,

das P.A.U.L. D. Arbeitsheft hilft dir dabei, das, was du gelernt hast, zu üben und zu wiederholen. Der Aufbau entspricht dem Aufbau deines Schülerbuches, sodass du dich gut zurechtfinden kannst.
Und das Beste: Du darfst in dieses Heft schreiben, darin markieren oder unterstreichen, so viel du möchtest!
Im vorderen Umschlag des Arbeitsheftes findest du zur Orientierung eine Übersicht mit wichtigen grammatischen Begriffen. Außerdem liegt ein Lösungsheft bei, damit du nach dem Bearbeiten der Aufgaben selbst überprüfen kannst, ob du alles richtig gemacht hast.

Immer wenn du diesen Notizzettel siehst, erhältst du noch einmal auf einen Blick alle wichtigen Informationen, die du zur Bearbeitung der Aufgaben benötigst.

Mit einigen Aufgaben kannst du dein Hörverstehen oder deine Rechtschreibung trainieren. Du siehst dort einen QR-Code. Scanne ihn mit einem digitalen Gerät oder gib auf der Internetseite www.westermann.de/webcode den zugehörigen Webcode in das Suchfeld ein.

WES-133206-000
Audio

Am Ende jedes Kapitels findest du einen Kompetenzcheck. Hier kannst du selbst einschätzen, ob du das, was du im Kapitel geübt hast, gut kannst.

Kompetenzcheck ✔

Tipp: Weitere Übungen findest du auch im Klassenarbeitstrainer.

Viel Spaß beim Lernen, Lesen, Arbeiten und Üben!

Die Lösungen zu den Übungen befinden sich in der separaten Beilage.

Das Arbeitsheft ist in zwei Varianten erhältlich.

Arbeitsheft	Arbeitsheft mit interaktiven Übungen
ISBN 978-3-14-**133206**-3	ISBN 978-3-14-**133212**-4
Druck A[1] / Jahr 2025	Druck A[1] / Jahr 2025

Alle Drucke der Serie A sind im Unterricht parallel verwendbar.

Beratung: Michael Rödel und Dirk Betzel

Illustrationen: Matthias Berghahn, Bielefeld; Reinhild Kassing, Kassel
Umschlaggestaltung: LIO Design GmbH, Braunschweig; Fotos: iStockphoto.com/danang setyo nugroho (Glühbirne); iStockphoto.com/danang setyo nugroho (Federkiel und Tintenfass); iStockphoto.com/igoriss (Bücher); iStockphoto.com/PeopleImages (Junge); iStockphoto.com/Garkusha, Tetiana (Apfel)
Druck und Bindung: Westermann Druck GmbH, Georg-Westermann-Allee 66, 38104 Braunschweig

Inhaltsverzeichnis

Andere informieren – Briefe schreiben

Einen persönlichen Brief schreiben

Wenn du jemandem einen Brief schreibst, den du persönlich kennst, solltest du einige Dinge beachten:

- Gehe auf den **Adressaten** bzw. die **Adressatin** ein und überlege vorab: Was interessiert ihn bzw. sie? Worüber möchte er/sie etwas wissen? Was weiß er/sie bereits aus vorherigen Briefen oder Gesprächen, über das du weitererzählen kannst?
- Versieh deinen Brief mit einem **Datum**; du kannst auch den Ort dazuschreiben. Zwischen Ort und Datum steht ein Komma.
- Schreibe eine **Anrede**, setze danach ein **Komma** und schreibe **klein** weiter. Oder: Setze nach der Anrede ein **Ausrufezeichen** und schreibe **groß** weiter.
- **Sprich** deine Adressatin bzw. deinen Adressaten im Verlauf des Briefes immer wieder an, damit der Brief wie ein „geschriebenes Gespräch" wirkt (z. B.: „Weißt du noch?", „Wie war das denn bei dir?", „Du kennst doch ...").
- **Erzähle** von deinen Erlebnissen.
- **Rege** den Adressaten bzw. die Adressatin z. B. durch Fragen **zu einem Antwortbrief an**.
- Schreibe am Ende eine **Grußformel** (z. B.: „Mach's gut", „Viele Grüße", „Bis bald"). Dahinter steht kein Satzzeichen.
- Schreibe zum Schluss unter die Grußformel deine **Unterschrift**.

Einen Brief untersuchen

1 Till besucht seit einigen Wochen die Klasse 5c des Erich-Kästner-Gymnasiums. Er schreibt seiner ehemaligen Grundschullehrerin Frau Linde einen Brief. Lies diesen Brief genau durch.

Oldenburg, den 12.09.20..

Liebe Frau Linde,

ich hoffe, Sie hatten schöne Sommerferien. Ich bin jetzt seit drei Wochen in meiner neuen Schule, dem Erich-Kästner-Gymnasium, und möchte Ihnen ein bisschen von meiner neuen Schule berichten.

Ich besuche die Klasse 5c, das ist eine Sportklasse. In meiner Klasse sind 31 Kinder. Das sind viel mehr Kinder als bei uns in der Grundschule. Ich kenne aber mittlerweile alle Namen. Wir haben in jedem Fach eine andere Lehrerin bzw. einen anderen Lehrer und das Schulgebäude ist sehr groß. Das Erich-Kästner-Gymnasium hat viele einzelne Gebäude und ich muss oft den Raum wechseln. Das ist echt anstrengend, weil man immer seine Sachen zusammenpacken muss. Außerdem haben wir keine Frühstückspause im Klassenraum und müssen unser Frühstück auf dem Pausenhof essen. Trotzdem gefällt es mir hier super. Die neuen Fächer machen mir viel Spaß, vor allem Biologie.
Leider kann ich nicht mehr zu Fuß zur Schule gehen, sondern muss mit dem Bus fahren. Morgens und mittags ist der immer sehr voll und ich bekomme oft keinen Sitzplatz. Bald haben wir einen ersten Wandertag und gehen in den Tierpark.

Wie geht es Ihnen? Wie ist Ihre neue erste Klasse? Ist sie auch so toll, wie wir waren? Vielleicht kann ich Sie ja mal in der Schule besuchen. Das würde mich sehr freuen. Können Sie mir bitte bald zurückschreiben?

Viele Grüße

Ihr Till

2 Beantworte nun die folgenden Fragen.

a) Wem schreibt Till?

____

b) Warum schreibt Till den Brief?

____

____

c) Worüber schreibt Till genau in seinem Brief? Welche Themen sind ihm besonders wichtig?

____

____

____

3 Welche Fragen stellt Till Frau Linde? Markiere diese im Text.

4 Wie ist Tills Brief aufgebaut? Schreibe die Begriffe aus dem Wortspeicher an die richtige Stelle neben den Brief.

Ort und Datum ▪ persönliche Anrede mit Komma ▪ Erzählung über persönliche Erlebnisse ▪ Ansprechen der Adressatin ▪ Abschied mit Bitte um Antwort ▪ persönliche Grußformel mit Unterschrift

Einen persönlichen Brief schreiben

1 Stell dir vor, du schreibst deiner Grundschullehrerin oder deinem Grundschullehrer einen Brief über deine neue Schule. Schreibe Stichworte zu den einzelnen Themen auf.

Name meiner Schule: ______________________________

Meine Klasse: ______________________________

Größe der Schule: ______________________________

Meine Klassenlehrerin/Mein Klassenlehrer: ______________________________

Meine Unterrichtsfächer: ______________________________

____

Mein Lieblingsfach: ______________________________

So komme ich morgens zur Schule: ______________________________

Länge meines Schultages und Pausen: ______________________________

____

Neue Freundinnen und Freunde: ______________________________

Besonderes an meiner Schule: ______________________________

____

Das gefällt mir gut: ______________________________

____

Gibt es noch weitere Themen, von denen du berichten möchtest?

____

2 Schreibe den Anfang deines Briefes an deine Grundschullehrerin bzw. deinen Grundschullehrer. Schreibe in dein Heft.
Denke an:
- Ort und Datum,
- die persönliche Anrede mit Komma oder Ausrufezeichen
- und die Einleitung, die den Anlass deines Briefes enthält.

3 Schreibe deinen Brief weiter. Nutze dazu deine Stichworte zu mindestens zwei Themen aus Aufgabe 1.
So kannst du beginnen: *Über meine neue Schule gibt es viel zu erzählen …*

4 Runde deinen Brief nun ab, indem du einen passenden Schluss schreibst.
Denke an:
- eine Bitte um Antwort,
- eine Grußformel
- und deine Unterschrift.

„Du" oder „Sie"? – Den Adressaten oder die Adressatin richtig ansprechen

Persönliche und höfliche Anrede unterscheiden

Für das Schreiben eines Briefes ist es wichtig, den Adressaten oder die Adressatin im Blick zu haben. Persönliche Briefe schreibst du an Menschen, die du kennst und zu denen du eine vertraute Beziehung hast. Diese werden geduzt. Auch Kinder und Jugendliche, die sich nicht kennen, duzen sich meistens.
Das ist bei Briefen an erwachsene Menschen, denen du nicht so nahestehst, anders. Diese werden gesiezt. Die Anredewörter schreibt man dann immer groß (z. B. *Sie*, *Ihnen*).
In Briefen müssen also die Anredewörter *du* und *Sie* voneinander unterschieden und grammatisch an den Satz angepasst werden.

1 Temi will ihrer Grundschullehrerin Frau Linde von ihrer neuen Schule erzählen. Sie möchte ihr eine E-Mail schicken, damit Frau Linde alles möglichst schnell erfährt. Leider haben sich aber einige Fehler in den Text eingeschlichen. Hilf Temi dabei, ihre E-Mail fehlerfrei zu schreiben. Streiche die fehlerhaften Wörter durch und schreibe sie in der richtigen Form jeweils darüber.
Tipp: Beachte besonders die höflichen Anredewörter und die Großschreibung bei Satzanfängen.

Von: temi@mail.de
An: a.linde@mail.de
Betreff: Neue Schule

Meppen, den 17. September 20..

Liebe Frau Linde,

wie geht es dir? Hattest du schöne Ferien?

hoffentlich hast du eine tolle neue Klasse bekommen. hast du mit den Kindern schon einen Ausflug gemacht? wir waren in unserer ersten Schulwoche mit dir auf dem Wasserspielplatz. auf unserem neuen Schulhof gibt es leider nicht viele Spielgeräte. aber dafür haben wir einige Tischtennisplatten und viel Platz zum Laufen.

kennst du Herrn Schmid, unseren neuen Klassen- und Deutschlehrer? er ist zwar nett, aber ganz schön streng. wir müssen ihn immer siezen.

ich fahre nun immer mit dem Bus zur Schule und muss daher sehr früh aufstehen. das mag ich gar nicht. fahren Sie noch immer täglich mit dem Fahrrad? wie geht es deinem Hund Lilo? ist sie immer noch so flauschig und lieb?

bald hat unsere Schule einen pädagogischen Tag, da fällt der Unterricht aus. darf ich sie da besuchen? das würde mich sehr freuen. dann könnte ich ihnen noch mehr von meiner neuen Schule erzählen und Ihnen Bilder zeigen.

Ich freue mich drauf, dich bald wiederzusehen.

Viele Grüße

Temi

2 Carlos hat Max, dem Sohn des Hausmeisters, folgende E-Mail geschrieben. Markiere darin alle Anredewörter.

Von: carlos@mail.de
An: max@mail.de
Betreff: Sorry

Lieber Max,

ich schreibe dir heute, weil ich ein schlechtes Gewissen habe. Gestern ist mir in eurem Garten nämlich etwas ganz Dummes passiert. Eigentlich bin ich gar nicht schuld, sondern euer Dackel Albert, der allein zu Hause war. Wahrscheinlich wart ihr gerade in der Stadt, um etwas einzukaufen. Albert buddelte nach seinem Lieblingsknochen, als mir die Idee kam, mit ihm Fußball zu spielen. Ich habe eure Gartenstühle als Torpfosten aufgestellt und euer Albert hockte sich auf die Torlinie. Er hat als Torwart miserabel gehalten. Der Plastikball landete genau in eurem Blumenbeet. Dabei ist die Lieblingssonnenblume deines Vaters umgeknickt.
Es tut mir sehr leid! Ich hoffe, ihr könnt Albert und mir verzeihen. Ich möchte euch gerne eine kleine Überraschung vorbeibringen.

Viele Grüße
dein Carlos

3 Stelle dir vor, Carlos schreibt die E-Mail an den Vater von Max, den Hausmeister der Schule. Setze die passenden höflichen Anredewörter in die Lücken.

Sehr geehrter Herr Harmsen,

ich schreibe ___________ heute, weil ich ein schlechtes Gewissen habe.

Gestern ist mir in ___________ Garten nämlich etwas ganz Dummes passiert.

Eigentlich bin ich gar nicht schuld, sondern ___________ Dackel Albert, der

allein zu Hause war. Wahrscheinlich waren ___________ gerade in der Stadt, um etwas einzukaufen. Albert buddelte nach seinem Lieblingsknochen, als mir die Idee kam, mit ihm Fußball zu spielen. Ich habe ___________ Gartenstühle als Torpfosten aufgestellt und ___________ Albert hockte sich auf die Torlinie. Er hat als Torwart miserabel gehalten. Der Plastikball landete genau in ___________ Blumenbeet. Dabei ist ___________ Lieblingssonnenblume umgeknickt.

Es tut mir sehr leid! Ich hoffe, ___________ können Albert und mir verzeihen. Ich möchte ___________ gerne eine kleine Überraschung vorbeibringen.

Viele Grüße

___________ Carlos

Kompetenzcheck

Wie sicher bist du beim Verfassen eines Briefes?

Schätze dich selbst ein. Male deine Sterne aus.

Ich kenne die Merkmale eines persönlichen Briefes und kann sie anwenden: ☆☆☆☆☆

- Ort und Datum
- Anrede mit Ausrufezeichen oder Komma
- Ansprechen der Adressatin oder des Adressaten
- Erzählen von Erlebnissen
- Bitte um einen Antwortbrief
- Grußformel
- Unterschrift

Ich kann persönliche und höfliche Anredewörter voneinander unterscheiden. ☆☆☆☆☆

Notizen für mich:

Erzählungen gestalten

Nach Bildern erzählen –
In der richtigen Reihenfolge erzählen

1 In der folgenden Bildergeschichte ist die Reihenfolge der Bilder durcheinandergeraten. Bringe die Bilder wieder in die richtige Reihenfolge. Schreibe dazu die Zahlen 2 bis 6 in die Kreise neben den Bildern.
Die Aufgabe fällt dir leichter, wenn du neben die Bilder schreibst, was jeweils geschehen ist. So bereitest du deine Erzählung vor.

(1) 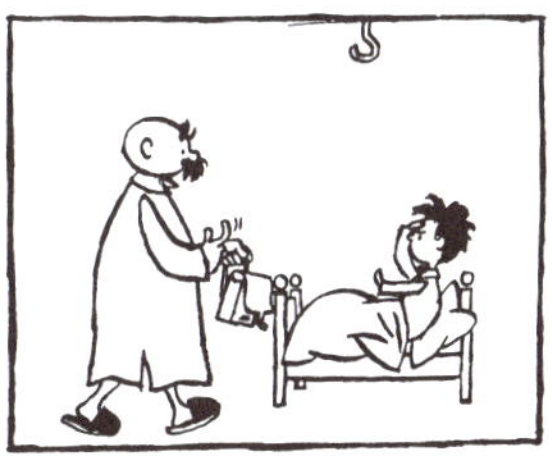

Der Vater kam mit einer Schultasche zum Bett des Sohnes und zeigte auf seine Uhr. Der Sohn lag im Bett.

( ) 

( ) 

( ) 

( ) 

( ) 

Um eine Geschichte zu verfassen, brauchst du – neben der Anregung, die dir die Bilder geben – einen Plan. In diesem legst du z. B. fest, aus welcher Sicht das Geschehen erzählt wird und wie man die Geschichte so aufbauen kann, dass sie interessant und spannend wird. Die folgenden Übungen helfen dir dabei.

Eine Erzählung planen

Wer soll erzählen?

Wer erzählt? – Die Erzählform auswählen

Bevor du eine Geschichte erzählst, musst du dich für eine **Erzählform** entscheiden, in der du durchgehend erzählst. Du kannst ...

- die **Ich-Form** wählen. Dabei übernimmst du die Sicht einer bestimmten **Figur, die die Geschichte selbst erlebt hat.**
  Beispiel: *Den Vokabeltest heute hatte ich völlig vergessen. Was nun? Mein Vater stand schon mit der Schultasche vor dem Bett.*
  Wichtig ist, dass du nur das in der Ich-Form erzählst, was die Figur, aus deren Sicht du erzählst, auch wissen kann.
- in der **Er-/Sie-Form** erzählen. In diesem Fall erzählt die Geschichte ein **Erzähler, der nicht an dem Geschehen beteiligt ist**, aber die Erlebnisse, Gedanken und Gefühle **einer oder mehrerer** Figuren wiedergeben kann.
  Beispiel: *Mit klopfendem Herzen hoffte der Sohn, dass ihn sein Vater nicht durchschaute. Aber seine Sorgen waren unbegründet. Voller Mitleid überlegte der Vater bereits, wie er seinen Sohn ablenken konnte.*

Achte darauf, dass du durchgehend in der gleichen Erzählform erzählst.

1 Welche Erzählformen sind bei der Bildergeschichte möglich? Überlege dir, wer die Geschichte erzählen kann.

____

____

____

____

Was geschieht? –
Die Erzählschritte planen

1 Du hast dich entschieden, die Geschichte aus der Sicht des Sohnes zu erzählen. Stelle dir den Jungen und seine Situation vor und beantworte stichwortartig die folgenden Fragen:

a) Wie alt ist der Sohn?

b) Ist der Sohn lebhaft oder schüchtern?

c) Wie ist das Verhältnis zwischen Vater und Sohn?

d) Was unternahm der Vater, damit es seinem scheinbar kranken Sohn besser ging?

e) Warum wollte der Sohn nicht in die Schule gehen?

f) Was ging in dem Sohn vor, als der Vater wegging?

g) Was dachte der Sohn, als der Vater zurückkam?

h) Wie fühlte sich der Sohn, als der Vater ihn in die Schule schickte?

Der Aufbau der Geschichte

1 Eine Erzählung besteht in der Regel aus drei Teilen: der Einleitung, dem Hauptteil und dem Schluss.
Schau dir die Bilder auf S. 11 noch einmal genau an. Lege fest, welche Bilder zur Einleitung, welche zum Hauptteil und welche zum Schluss gehören.

	Nummer des Bildes
Einleitung	
Hauptteil	
Schluss	

2 Du hast bereits viele Elemente deiner Erzählung zusammengetragen. Fülle nun den Erzählplan für deine Geschichte aus. Er hilft dir dabei, die Schritte der Handlung festzulegen und die Übersicht zu behalten.

Tipp: Damit die Geschichte anschaulich und spannend wirkt, muss die Spannung gesteigert und im Hauptteil der Höhepunkt ausgestaltet werden. Denke an die Erzählmaus.

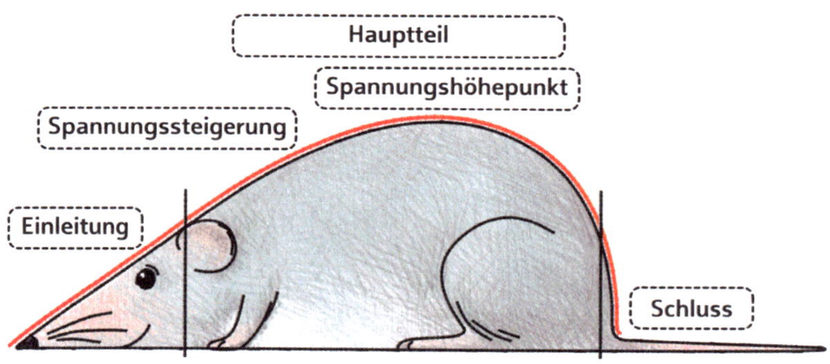

Erzählplan	
Wann und wo ereignete sich die Handlung?	
Wer war an der Handlung beteiligt? (Figuren)	
Wer erzählt die Geschichte? (Erzähler und Erzählform)	*Der Sohn ist der Erzähler. Er erzählt in der Ich-Form.*
Was geschah? (Erzählschritte)	
– Einleitung	

– Hauptteil mit Spannungs-steigerung und Höhe-punkt	
– Schluss	

Eine Erzählung schreiben

Auf der Grundlage deines Planes kannst du jetzt mit dem Schreiben beginnen. In den folgenden Übungen lernst du, worauf es bei der Ausgestaltung der einzelnen Teile der Geschichte ankommt.

Der Erzählanfang

Den Anfang einer Erzählung gestalten

In der Einleitung machst du den Leser oder die Leserin mit den **Figuren**, dem **Ort** und der **Zeit** der Handlung vertraut.
Ein weiteres Ziel des Erzählanfangs ist es, die **Neugierde** und das **Interesse** der Leserinnen und Leser zu wecken. Das kannst du erreichen, indem du

- Andeutungen darüber machst, was im Hauptteil geschieht,
- eine Frage an den Anfang stellst oder
- eine interessante Person vorstellst.

Du erzählst in der Regel im **Präteritum**.

1 Mithilfe bestimmter Formulierungen kannst du schon im Erzählanfang Andeutungen zu dem Geschehen im Hauptteil machen und das Interesse wecken. Wähle aus den folgenden Formulierungen die aus, die zu deiner Geschichte passen könnten. Kreuze sie an.

- ☐ An diesen Tag sollte ich noch lange zurückdenken.
- ☐ Mit dieser Reaktion hatte ich nicht gerechnet.
- ☐ Ich könnte mich heute noch vor Lachen schütteln, wenn ich an dieses Ereignis zurückdenke.
- ☐ Ich schämte mich wie wohl noch nie zuvor in meinem Leben.
- ☐ Ich dachte, dass ich besser schauspielern kann.
- ☐ Ich hatte nicht damit gerechnet, dass sich die Lüge so schnell verselbstständigt. Ich konnte sie nicht mehr aufhalten.
- ☐ Ich hätte jedoch nicht gedacht, dass sich der Tag ganz anders entwickeln würde.

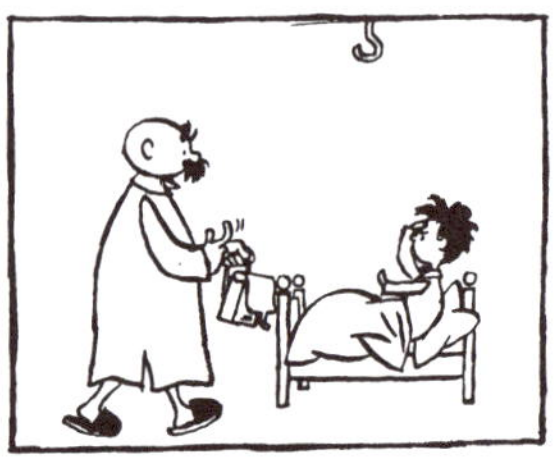

2 Gestalte nun deinen Erzählanfang aus. Nutze hierzu deinen Schreibplan und Formulierungen oder Ideen aus Aufgabe 1.

Tipp: Achte darauf, beim Erzählen das Präteritum zu verwenden (z. B.: Ich **lachte**, ich **rief**).

Lebendig erzählen – Den Hauptteil einer Erzählung gestalten

Die wörtliche Rede

Die wörtliche Rede und ihre Zeichensetzung

- Eine Erzählung wirkt lebendiger, wenn du die Figuren sprechen lässt und an einigen Stellen wörtliche Rede einbaust.
- Wörtliche Rede und wörtlich wiedergegebene Gedanken werden in **Anführungszeichen** gesetzt.
- Steht der **Redebegleitsatz vor der wörtlichen Rede**, steht ein Doppelpunkt hinter dem Redebegleitsatz.
  Beispiel: Der Vater fragte: „Wie war es in der Schule?"
- Wenn der **Redebegleitsatz hinter der wörtlichen Rede** steht, wird er durch ein Komma von der wörtlichen Rede getrennt. Der Schlusspunkt entfällt dann bei der wörtlichen Rede, wenn sie aus einem Aussagesatz besteht.
  Beispiel: „Es war wie immer", antwortete der Sohn.
- Wenn es sich bei der wörtlichen Rede um einen Frage-, Aufforderungssatz oder Ausruf handelt, steht ein Frage- oder Ausrufezeichen am Ende der wörtlichen Rede. Auch hier wird der Redebegleitsatz durch ein Komma von der wörtlichen Rede abgetrennt.
  Beispiel: „Wohin willst du?", fragte der Vater.
- Die **wörtliche Rede** kann auch **durch den Redebegleitsatz unterbrochen** werden. In diesem Fall wird vor und nach dem Redebegleitsatz ein Komma gesetzt.
  Beispiel: „Ich fahre in die Stadt", antwortete der Sohn, „und treffe mich dort mit Leon."

1 Unterstreiche in den folgenden Sätzen die wörtliche Rede und die Redebegleitsätze jeweils mit einer anderen Farbe.

a) „In meinem Vortrag geht es heute um den Zeichner der Vater-und-Sohn-Geschichten, *e. o. plauen*", erklärt Marie der Klasse.

b) „*e. o. plauen* war aber gar nicht sein richtiger Name", ergänzt sie, „sondern ein Künstlername, ein sogenanntes Pseudonym. Mit bürgerlichem Namen hieß er Kurt Erich Ohser."

c) „Wann hat er denn gelebt?", fragt James.

d) Mit Blick auf ihre Notizen antwortet Marie: „Kurt Erich Ohser wurde 1903 in Sachsen geboren. Er starb 1944 in Berlin."

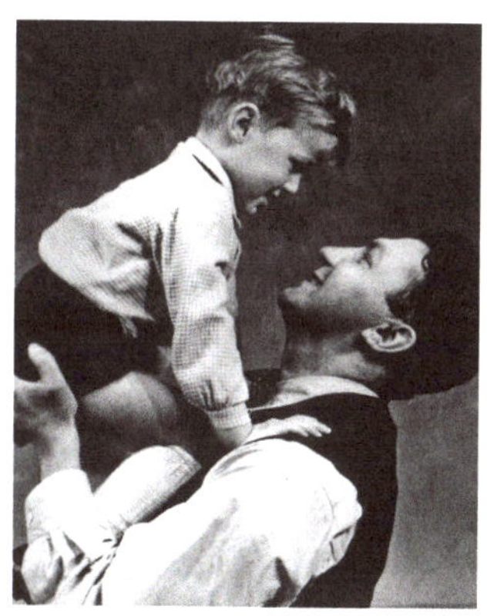

Erich Ohser mit seinem Sohn Christian

2 Ergänze die fehlenden Satzzeichen.

a) Die Geschichten von Vater und Sohn sind Ohsers bekanntestes Werk fährt Marie fort die Sammelbände hatten in den 1930er-Jahren eine Gesamtauflage von 170 000 Exemplaren

b) Und sie werden noch immer weltweit verkauft, z. B. in Mittel- und Lateinamerika oder in China. Die Geschichten kommen ohne Text aus, daher kann man sie überall verstehen erklärt sie den anderen.

c) Erzählt der Zeichner in den Bildergeschichten denn von seinem eigenen Sohn will Ali wissen.

d) Marie nickt und sagt Ich glaube, für die Geschichten waren Ohsers Sohn, aber auch sein eigener Vater wichtig

e) Dann liest sie ein Zitat des Künstlers vor. Erich Ohser hat dazu selbst geschrieben Die Vater-und-Sohn-Zeichnungen sind Erinnerungen an meine Kindheit, ausgelöst durch die Freude am eigenen Sohn

f) Vielen Dank für den tollen Vortrag, Marie lobt der Lehrer zum Schluss. Wenn ihr mehr über Erich Ohser wissen wollt, könnt ihr z. B. das Erich-Ohser-Haus in Plauen, seiner Heimatstadt, besuchen

3 Schau dir das nebenstehende Bild aus der Bildergeschichte noch einmal genau an und überlege, was der Vater und der Sohn jeweils zu dem anderen sagen könnten. Schreibe das Gespräch auf und berücksichtige dabei die Zeichensetzungsregeln der wörtlichen Rede.

Als mein Vater den Raum verließ, hob er noch einmal den Zeigefinger und ermahnte mich: ______

______

______

______

______

______

______

______

______

______

Zitat in Aufgabe 2, f) in: Christof Bock, dpa: Herzlich in einer herzlosen Zeit: 90 Jahre „Vater und Sohn", 12.12.2024, https://www.augsburger-allgemeine.de/wirtschaft/bilderge schichten-herzlich-in-einer-herzlosen-zeit-90-jahre-vater-und-sohn-104049872 [11.03.2025]

Gedanken und Gefühle wiedergeben – Die innere Handlung gestalten

Gedanken und Gefühle wiedergeben – Die innere Handlung

- Eine Erzählung wird anschaulich und lebendig, wenn du die **Gefühle und Gedanken der Figuren** wiedergibst. Der Leser und die Leserin können sich so besser in sie hineinversetzen. Er oder sie erlebt dann das, was in den Figuren vorgeht, mit. Man spricht dabei von **innerer Handlung**.
- Die innere Handlung kannst du gestalten, indem du wiedergibst, was die Figuren fühlen und denken. Gedanken, die wörtlich wiedergegeben werden, stehen in Anführungszeichen.
  Beispiel: Er dachte: „Jetzt ist es vorbei!"
- **Anschauliche Umschreibungen** helfen dem Leser bzw. der Leserin, die Empfindungen einer Figur zu verstehen.
  Beispiel: Er bekam feuchte Hände und seine Knie zitterten.

1 Finde für die folgenden Gefühle passende Formulierungen aus dem Wortspeicher und trage sie in die Tabelle ein. Bei einigen Gefühlen gibt es mehrere passende Formulierungen.

in die Luft springen ▪ kalte Hände ▪ grinsen ▪ weit geöffnete Augen ▪ jubeln ▪ erstarren ▪ tanzen ▪ die Luft anhalten ▪ zusammenzucken ▪ hüpfen ▪ strahlen ▪ weinen ▪ zittern ▪ kalter Schweiß ▪ sich ducken ▪ aufschreien ▪ flüstern ▪ hängende Schultern ▪ schluchzen ▪ Herzrasen ▪ schneller Puls ▪ lächeln

Gefühl	treffender Ausdruck/treffende Formulierung
Freude	*in die Luft springen*
Traurigkeit	
Schreck	

Gefühl	treffender Ausdruck/treffende Formulierung
Angst	
Aufregung	

2 Auch mithilfe von Adjektiven kann man anschaulich und lebendig erzählen und so die Gedanken und Gefühle einer Figur wiedergeben.

Was passt gut zusammen? Finde zu den Formulierungen im linken Kasten passende aus dem rechten Kasten. Schreibe die neuen Wendungen unten auf.

Tipp: Es gibt verschiedene Kombinationsmöglichkeiten.

entsetzt	den Kopf schütteln
herzhaft	nachdenken
enttäuscht	lachen
trotzig	näher kommen
jubelnd	weggehen
lauthals	sich umdrehen
zweifelnd	schweigen
erschöpft	niedersinken
angestrengt	in die Luft springen
vorsichtig	aufschreien
überrascht	in einen Apfel beißen

angestrengt nachdenken

Das passende Wort wählen

Eine Erzählung wirkt **abwechslungsreicher** und **anschaulicher**, wenn man das richtige und **treffende Wort** findet, das ein Erlebnis oder einen Sachverhalt möglichst genau beschreibt. Soll eine Figur in der Erzählung leise sprechen, dann „flüstert" sie; läuft jemand ganz besonders schnell, dann „rennt" oder „flitzt" er. Wenn du immer überlegst, welches das treffende Wort ist, kannst du viel genauer ausdrücken, was du sagen möchtest.

3 Um abwechslungsreich zu erzählen, ist es wichtig, Wiederholungen zu vermeiden. Finde für das Verb „machen" in den folgenden Ausdrücken passende andere Verben, sodass das Gleiche ausgedrückt wird.
Ein Wort, das dieselbe Bedeutung wie ein anderes Wort hat, nennt man Synonym.

eine Radtour machen – ____________________

eine Dose aufmachen – ____________________

eine Tür zumachen – ____________________

ein Kalenderblatt abmachen – ____________________

ein Loch in den Sand machen – ____________________

eine Jacke zumachen – ____________________

eine Schleife machen – ____________________

ganz schnell machen – ____________________

ganz langsam machen – ____________________

4 Welche Wörter aus dem Wortspeicher gehören zusammen? Übertrage die Tabelle in dein Heft und ordne die zusammengehörenden Wörter in jeweils eine Spalte der Tabelle ein. Lass dabei die oberste Zeile noch frei.

schreien ▪ rufen ▪ flüstern ▪ schleichen ▪ rennen ▪ laufen ▪ kriechen ▪ blinzeln ▪ spähen ▪ gucken ▪ antworten ▪ entgegnen ▪ hüpfen ▪ stottern ▪ brüllen ▪ schielen ▪ schlendern ▪ bummeln ▪ erblicken ▪ schwatzen ▪ plaudern ▪ tratschen ▪ eilen ▪ sausen ▪ brausen ▪ humpeln

5 Wörter, die sinnverwandt sind bzw. inhaltlich sehr ähnlich sind, gehören zu einem Wortfeld. Ein Wortfeld kann mit einem Oberbegriff zusammengefasst werden. Finde für die drei Spalten in der Tabelle aus Aufgabe 4 nun die passenden Oberbegriffe für das jeweilige Wortfeld.

Beispiel: Der Oberbegriff „essen“ beschreibt das Wortfeld *kauen, speisen, schmatzen, schlecken, verschlingen, einnehmen.*

Den Höhepunkt der Erzählung gestalten

Den Höhepunkt ausgestalten

Der Höhepunkt ist ein **besonders wichtiger Teil einer Erzählung**. Häufig steigt die Spannung im Hauptteil bis zum Höhepunkt langsam an. Deshalb sollte der Höhepunkt besonders anschaulich erzählt werden.

- Um einen Höhepunkt interessant zu gestalten, kannst du eingeschobene Fragen oder Andeutungen verwenden (Beispiele: *Was sollte er jetzt nur machen?* Oder: *Was dann geschah, werde ich mein Leben lang nicht vergessen.*).
- Den Höhepunkt kannst du auch dadurch interessant gestalten, dass du **Zeitangaben** (z. B. *plötzlich* oder *Eine unendlich lange Zeit geschah gar nichts*) benutzt.
- Bei dem Höhepunkt solltest du deine Figuren **ebenfalls sprechen lassen** und ihre **Gedanken und Gefühle** wiedergeben, sodass der Leser oder die Leserin sich besser in sie hineinversetzen kann.

1 Versetze dich in die Lage des wild schaukelnden Sohnes in dem Moment, als er seinen Vater im Türrahmen entdeckt. Was geht ihm durch den Kopf? Wie fühlt er sich? Was hört er? Welche Fragen stellt er sich?
Notiere mögliche Fragen, Geräusche, Gefühle und Gedanken/Wünsche in dein Heft.

Fragen:

Geräusche:

Gefühle:

Gedanken/ Wünsche:

2 Formuliere nun in deinem Heft den Hauptteil mit dem Höhepunkt deiner Geschichte aus. Nutze dazu die Ergebnisse aus Aufgabe 1 sowie deinen Erzählplan auf S. 14 f.

Der Erzählschluss und die Überschrift

Den Schluss gestalten

Mit dem Erzählschluss rundest du die Erzählung ab. In diesem Teil wird sehr oft die Spannung aufgelöst.
Da das eigentliche Geschehen im Hauptteil erzählt wird, besteht der Schluss meistens nur aus einem kurzen Abschnitt.

1 Lies dir die folgenden Überlegungen für die Gefühlslage von Vater und Sohn im Schlussteil durch. Welche davon passen zu deiner Vorstellung am besten? Kreuze mindestens zwei Kästchen an.

☐ Vater: enttäuscht	☐ Sohn: beleidigt
☐ Vater: traurig	☐ Sohn: schuldbewusst
☐ Vater: wütend	☐ Sohn: eingeschüchtert
☐ Vater: verärgert	☐ Sohn: verärgert
☐ Vater: heimlich amüsiert	☐ Sohn: angsterfüllt
☐ Vater: streng	☐ Sohn: widerwillig
☐ Vater: fühlt sich betrogen	☐ Sohn: fühlt sich ertappt

2 Formuliere nun in deinem Heft den Schluss deiner Geschichte aus.

Eine Überschrift finden

Eine Erzählung braucht auch eine Überschrift. Diese soll die **Neugier der Leserin oder des Lesers** wecken, aber nicht zu viel verraten. Es kann sinnvoll sein, die Überschrift erst ganz am Ende zu setzen, weil du dann einen guten Überblick über die Gesamthandlung hast. So kannst du eine Überschrift wählen, die genau zu deiner Erzählung passt.

3 Finde abschließend eine passende Überschrift für deine Erzählung.

4 Schritt für Schritt hast du jetzt gelernt, wie man eine spannende Erzählung verfasst. Nun kannst du die einzelnen Teile zusammensetzen. Formuliere deine Erzählung zur Bildergeschichte vollständig aus und schreibe sie in dein Heft. Greife dazu auf die Ergebnisse aus den verschiedenen Übungen zurück.

Erzähle spannend und anschaulich, indem du
- wörtliche Rede nutzt,
- die Gefühle und Gedanken der Figuren wiedergibst,
- Fragen und Ausrufe einschiebst,
- abwechslungsreiche und treffende Wörter findest,
- Zeitangaben und eingeschobene Fragen verwendest.

Denke auch an die Verwendung des Präteritums.

Kompetenzcheck

Wie sicher bist du beim Verfassen einer Erzählung?
Schätze dich selbst ein. Male deine Sterne aus.

Ich kann in der richtigen Reihenfolge erzählen.	☆☆☆☆☆
Ich kann Erzählschritte planen.	☆☆☆☆☆
Ich kenne den **Aufbau einer Geschichte:** ■ Erzählanfang ■ Hauptteil einer Erzählung ■ Erzählschluss	☆☆☆☆☆
Ich kann den **Anfang** einer Erzählung ausgestalten.	☆☆☆☆☆
Ich kann den **Hauptteil** einer Erzählung ausgestalten: ■ Ich kann wörtliche Rede sinnvoll einbauen. ■ Ich kenne die Regeln der wörtlichen Rede. ■ Ich kann Gedanken und Gefühle wiedergeben und so die innere Handlung ausgestalten. ■ Ich kann treffende Ausdrücke finden. ■ Ich kann den Spannungshöhepunkt gestalten.	☆☆☆☆☆
Ich kann den **Schluss** einer Erzählung ausgestalten.	☆☆☆☆☆
Ich kann eine passende **Überschrift** für eine Erzählung finden.	☆☆☆☆☆

Notizen für mich:

Wortarten erkennen und richtig gebrauchen

Das weißt du schon

Aus der Grundschule kennst du bereits die drei Grundwortarten:
- **Nomen** (Namenwörter): z. B. Insel, Sand, Kokosnuss
- **Verben** (Tuwörter): z. B. schwimmen, tauchen, rätseln
- **Adjektive** (Wiewörter, Eigenschaftswörter): z. B.: sonnig, schön, warm

Vielleicht kennst du auch schon weitere Wortarten wie
- **Artikel** (Begleiter): der, die, das, ein, eine
- **Pronomen** (Fürwörter):
  - **Personalpronomen** (persönliches Fürwort): ich, du, er/sie/es, wir, ihr, sie
  - **Possessivpronomen** (besitzanzeigendes Fürwort): mein, dein, sein/ihr/sein, unser, euer, ihr
- **Präpositionen** (Verhältniswörter): z. B. unter, neben, auf, vor, über, zwischen, hinter

1 Markiere im folgenden Text die Wortarten (Nomen, Verben, Adjektive) in drei unterschiedlichen Farben. Kannst du auch die Wortart weiterer Worte bestimmen? Markiere auch sie und schreibe den Fachbegriff an den Rand.

Die besondere Muschel

Auf einer windigen Nordseeinsel entdecken Thea und Alexis an einem Strand eine besondere Muschel. Sie betrachten sie genau. Die Muschel glänzt in den Sonnenstrahlen und hat eine faszinierende Form. Während Alexis die Muschel bewundert und fotografiert, läuft Thea in die Ferienwohnung und sucht ihr Bestimmungsbuch.

Nomen und Artikel

Die Großschreibung von Nomen

Nomen

Nomen bezeichnen **Lebewesen** (Menschen und Tiere), **Dinge** (z. B. Gegenstände, aber auch Naturphänomene wie Wind, Sonnenschein) und **Empfindungen** (z. B. Gefühle eines Lebewesens wie Freude).

Die Großschreibung von Nomen
Nomen werden immer **großgeschrieben**. Auch **Namen** für Menschen (z. B. Anna Mayer), Tiere (z. B. Bello) und Orte (z. B. Berlin, Rheinland-Pfalz, Nordsee, Neustraße) gehören dazu.

1 Markiere in dem folgenden Text alle Nomen farbig.

WAS IST EINE INSEL?

EINE INSEL IST EINE LANDFLÄCHE, DIE VON WASSER UMGEBEN IST. MAN FINDET SIE IM MEER UND IN FLÜSSEN. AUF DER ERDE GIBT ES SEHR VIELE UNTERSCHIEDLICH GROßE INSELN. IN DEUTSCHLAND BEFINDEN SICH ZAHLREICHE INSELN IN DER NORDSEE UND IN DER OSTSEE. URLAUBER SUCHEN AUF IHNEN ENTSPANNUNG UND ABLENKUNG UND KINDER FREUEN SICH ÜBER DIE TIERE UND DEN STRAND. SEEHUNDE SIND SEHR BELIEBT, ABER AUCH MUSCHELSCHALEN, KREBSE ODER BERNSTEIN SORGEN FÜR BEGEISTERUNG.

Nordseeinsel Juist

2 Ordne die Nomen aus Aufgabe 1 in die passende Spalte ein und füge den bestimmten Artikel hinzu. Nomen, die mehrfach vorkommen, musst du nur einmal eintragen.

Tipps:
- Nomen, die Eigennamen sind, musst du nicht zuordnen.
- Achte auf die Großschreibung der Nomen.

Lebewesen	Dinge	Empfindungen

Das Genus

Das Genus

Alle Nomen haben ein festes grammatisches Geschlecht (**Genus**). Ein Nomen steht also entweder im **Maskulinum** (männlich), **Femininum** (weiblich) oder **Neutrum** (neutral).

1 Bestimme das grammatische Geschlecht des jeweiligen Nomens, indem du die Nomen farbig markierst.

Femininum: grün   Maskulinum: rot   Neutrum: blau

Freundin	Tier	Boot	Blüte
Zelt	Boden	Blatt	Pinguin
Schale	Natur	Vulkan	Reise
Zeit	Temperatur	Regen	Schiff
Sonne	Regenwald	Schutz	Freude

Der Artikel

Artikel

Durch den **Artikel** wird das Genus angezeigt.
Es gibt **bestimmte Artikel (der, die, das)**, die etwas **Eindeutiges, Bestimmtes** bezeichnen.
Die **unbestimmten Artikel (ein, eine, ein)** bezeichnen etwas **Beliebiges, Unbestimmtes.**

1 Entscheide in dem folgenden Text, ob du den bestimmten oder den unbestimmten Artikel verwendest. Kennzeichne deine Lösung wie im Beispiel farbig.

An einem/~~dem~~ sonnigen Tag gingen zwei Geschwister, ein/das Mädchen und ein/der Junge, am Strand spazieren. Sie fanden auf ihrem Weg ein Seehundjunges, einen/den sogenannten Heuler. Weil die beiden in einer/der Schule über ein/das Leben im Wattenmeer gesprochen hatten, wussten sie, dass es an der deutschen Nordsee eine/die Seehundaufzuchtstation in Friedrichskoog und eine/die Seehundaufzuchtstation in Norddeich gibt. Sie hatten auch gelernt, dass ein/der Seehund ein/das wohl bekannteste Tier im deutschen Wattenmeer ist und dass Seehunde gut an den/einen Lebensraum im Wattenmeer angepasst sind. Die beiden Kinder finden Seehunde sehr faszinierend und betrachteten einen/den lebendigen kleinen Heuler aufmerksam. Dabei fiel ihnen eine/die torpedoartige Form eines/des Körpers ebenso auf wie ein/das kurze und dichte Fell des Seehundes. Aus dem Unterricht wussten sie, dass sie einen/den Seehund besser nicht anfassen sollten.

2 Erkläre an jeweils einem Beispiel, warum du dich für den bestimmten bzw. unbestimmten Artikel entschieden hast.

____

____

____

____

____

____

3 Ergänze bei den folgenden Nomen den bestimmten Artikel.

______ Surfbrett	______ Hotel	______ Tourist
______ Eidechse	______ Auto	______ Flasche
______ Boot	______ Welle	______ Fisch
______ Muschel	______ Reise	______ Gepäck
______ Flugzeug	______ Surflehrerin	______ Seestern
______ Schatzkiste	______ Sandschaufel	______ Wal

Der Numerus

Der Numerus

Nomen haben einen **Numerus** (grammatische Zahl, Anzahl). Nomen stehen im **Singular** (Einzahl) oder **Plural** (Mehrzahl). Die Pluralformen enden auf -e, -en, -n, -er oder -s. Manche Nomen haben auch keine Endung im Plural (z. B.: das Wunder – die Wunder).
Bei einigen Nomen wird der Plural durch eine **Änderung des Vokals** gebildet. Er wird zu einem **Umlaut** (ä, ö, ü; z. B.: der Apfel – die Äpfel).
Der Plural wird häufig durch den bestimmten Artikel **die** angezeigt (z. B.: der Baum – die Bäume). Alle unbestimmten Artikel haben keinen Plural (z. B.: Plötzlich huschten Kaninchen durch das Gebüsch.).

1 Markiere in dem folgenden Text alle Nomen und schreibe in Klammern, ob sie im Singular (Sg) oder im Plural (Pl) stehen.

Die Tierwelt (___) der Galapagos-Inseln (___)

Blaufußbooby auf den Galapagos-Inseln

Die Galapagos-Inseln (___) sind eine Inselgruppe (___) im Pazifik (___), die aus Vulkanen (___) entstanden ist. Aufgrund der Abgeschiedenheit (___) der Inseln (___) gibt es dort eine vielseitige Tierwelt (___) und faszinierende Pflanzen (___), die einzigartig auf der Welt (___) sind. Sowohl an Land (___) als auch im Wasser (___) findet man eine sehr große Vielfalt (___) von Arten (___). Die UNESCO, eine internationale Organisation (___), die sich auch für den Schutz (___) von Naturlandschaften (___) einsetzt, hat die Galapagos-Inseln (___) zum Weltnaturerbe (___) erklärt. Das Naturparadies (___), das aus faszinierenden Landschaften (___) und einer einmaligen Tierwelt (___) besteht, ist ein beliebtes Reiseziel (___) für Urlauber (___), die die unberührte Natur (___) zwischen Unterwasserwelten (___) und Regenwäldern (___) kennenlernen möchten.

Der Kasus

Der Kasus

Nomen erfüllen im Satz unterschiedliche Aufgaben. Deshalb verändern sie zusammen mit ihrem Artikel oder anderen Begleitern ihre Form, je nachdem, in welchem **Kasus** (grammatischen Fall) sie stehen. Den Vorgang der Kasusbildung nennt man **Deklination** (Beugung). Man kann den Kasus bestimmen, indem man gezielte Fragen stellt.

1. Fall: **Nominativ: Wer (oder was)** macht einen Piratenbraten?
   → Aven macht einen Piratenbraten.
2. Fall: **Genitiv: Wessen** bedienen sie sich?
   → Sie bedienen sich des Rezepts.
3. Fall: **Dativ: Wem** gibt die Fee eine Aufgabe?
   → Die Fee gibt Louis und Nora eine Aufgabe.
4. Fall: **Akkusativ: Wen (oder was)** bitten die Kinder um Hilfe?
   → Die Kinder bitten die Fee um Hilfe.

1 Lies den folgenden Text. Frage nach den unterstrichenen Nomen und ihren Begleitern und bestimme so den Kasus. Trage deine Ergebnisse in die Tabelle unten ein.

Pinguine sind erstaunliche Vögel. Sie fliegen nicht, sondern sind im Meer zu Hause. Sie können schnell schwimmen und tauchen und sind auf das Leben im kalten Wasser eingestellt.
Es gibt viele verschiedene Pinguinarten. Die Südhalbkugel der Erde ist ihre Heimat. Einige leben in Eis und Schnee, andere dagegen dort, wo das Wasser wärmer ist: vor Neuseeland, dem südlichen Australien und Afrika, an der Westküste Südamerikas und auf den Galapagos-Inseln.
Der Galapagos-Pinguin lebt im Pazifischen Ozean, dessen Wasser warm ist. Der Pinguin hat sich diesem warmen Klima angepasst. Der Galapagos-Pinguin hat rosa Flecken. Das sind Stellen, die keine Federn haben und an denen die Haut stark durchblutet ist. So kann Wärme nach außen abgegeben werden. Der Pinguin hat große Füße und abstehende Flügel, mit denen er ebenfalls Wärme ableiten kann. Der Galapagos-Pinguin gilt als gefährdet, da es nur noch wenige von ihm gibt.

Galapagos-Pinguin

Nomen und ihre Begleiter	**Kasusfrage**	**Kasus**
Pinguine	Wer oder was?	Nominativ
viele verschiedene Pinguinarten		
der Galapagos-Pinguin		
diesem warmen Klima		
rosa Flecken		
die Haut		
Wärme		
große Füße		
abstehende Flügel		

2 Piet ist mit seiner Klasse auf Norderney und schreibt eine Flaschenpost. Ergänze in seinem Text die Nomen und ihre Begleiter im richtigen Kasus.

Hallo lieber Finder der Flaschenpost,

ich bin auf der Insel Norderney mit ______________________ (die Schule). Wir verbringen hier eine Woche und entdecken ______________________ (die Insel). Wir haben im Watt eine Schlickschlacht gemacht. Ich habe ______________________ (der Schlick) ins Gesicht bekommen und anschließend aus Versehen beim Werfen das T-Shirt des Lehrers getroffen. Er versteht aber zum Glück viel Spaß.

Das Wasser der Nordsee ist sehr kalt, aber wir gehen trotzdem jeden Tag schwimmen. Wir werden auch noch ______________________ (eine Bootsfahrt) machen, um die Seehunde auf den Sandbänken zu sehen.

Meine Freunde und ich haben uns auch schon Fahrräder geliehen und sind auf den Wanderwegen durch die Dünen gefahren. Dabei ist ______________________ (der Reifen) des Fahrrads eines Kindes geplatzt und wir mussten ______________________ (der Schlauch) flicken.

Gut, dass wir Flickzeug des Fahrradverleihs dabeihatten, sodass wir ______________________ (das Kind) schnell helfen konnten.

Ich würde mich freuen, wenn du mir auf meine Flaschenpostnachricht antworten könntest. Unten steht ______________________ (meine Handynummer).

Viele Grüße

Piet

0123 4567891

3 Bestimme nun in einem zweiten Schritt den Kasus der eingesetzten Nomen und Begleiter. Markiere sie im Text mit jeweils unterschiedlichen Farben für Nominativ, Dativ und Akkusativ.

Verben

Die Grundform von Verben

Die Grundform von Verben

Verben, auch Tätigkeitswörter genannt, haben eine **Grundform**, den **Infinitiv**.
Die meisten Verben enden auf **-en** (z. B.: lauf**en**). Es gibt aber auch einige Verben, die auf **-eln** oder **-ern** enden (z. B.: schauf**eln**, klett**ern**). Eine Ausnahme bilden die Verben *sein* und *tun*.

1 Was kann man am Strand alles machen? Finde passende Verben und schreibe sie im Infinitiv (Grundform) auf.

Tipp: Es gibt verschiedene Lösungen.

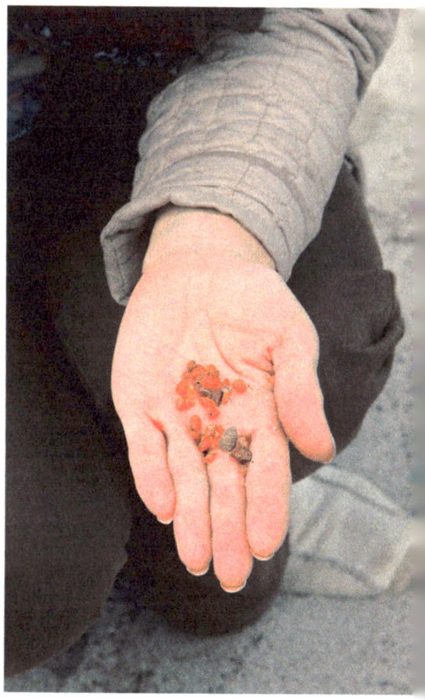

a) Wenn die Sonne scheint, können wir im Meer ______________________.

b) Wenn es windig ist, können wir Wolken ______________________.

c) Oder wir können Muscheln ______________________ und Vögel ______________________.

d) Wir können am Strandkiosk ein Eis ______________________.

e) Nach einem Sturm kann man Bernstein ______________________.

Die Personalformen von Verben

Die Personalformen und die Konjugation von Verben

In einem zusammenhängenden Text müssen Verben oft in die sogenannten **Personalformen** gesetzt werden.
Beispiele: du läufst, wir klettern, es regnet

Wenn man ein Verb aus dem Infinitiv in die verschiedenen Personalformen setzt, dann nennt man das **konjugieren** (beugen).

Jedes Verb hat einen **Wortstamm** und eine **Endung** für die jeweilige Personalform.

Verben ändern sich nach Person (1., 2., 3. Person) und Numerus (**Singular** oder **Plural**).
Beispiel:

	Singular	**Plural**
1. Person	ich lese	wir lesen
2. Person	du liest	ihr lest
3. Person	er/sie/es liest	sie lesen

1 Im folgenden Text fehlen die Verben. Setze die Verben aus dem Wortspeicher in der richtigen Personalform in die Lücken ein.

spielen ▪ beobachten ▪ heißen ▪ liegen ▪ sammeln ▪ bauen ▪ verfügen ▪ planschen ▪ haben ▪ zählen ▪ gehören

Dänemark

Dänemark ist ein Staat im Norden Europas, der von der Nord- und Ostsee umgeben ist. Zu Dänemark ______________________ über 1 000 Inseln. Die größte Insel ______________ Seeland. Dort _________________ auch die Hauptstadt Kopenhagen. Dänemark ____________________ nur eine Landgrenze, nämlich zu Deutschland. Die Halbinsel Jütland ist Dänemarks einziges Festland. Zu den Inseln Dänemarks gehören auch die Färöer-Inseln und Grönland. Zusammen

Lösungen

Andere informieren – Briefe schreiben

Einen Brief untersuchen

Seite 5 **2**
a) Till schreibt seiner Grundschullehrerin Frau Linde.
b) Till möchte Frau Linde von seiner neuen Schule berichten.
c) Till schreibt von seiner Klasse, dem großen Schulgebäude, den Raumwechseln, der Frühstückspause auf dem Schulhof, der Busfahrt zur Schule und dem Wandertag. Till erkundigt sich nach Frau Linde und ihrer neuen Klasse. Er möchte sie bald besuchen.

Seite 6 **3**
Wie geht es Ihnen? Wie ist Ihre neue erste Klasse? Ist sie auch so toll, wie wir waren? (Z. 26 f.) Können Sie mir bitte bald zurückschreiben? (Z. 29)

Seite 6 **4**

Oldenburg, den 12.09.20..	*Ort und Datum*
Liebe Frau Linde,	*persönliche Anrede mit Komma*
ich hoffe, Sie hatten schöne Sommerferien. Ich bin jetzt seit drei Wochen in meiner neuen Schule, dem Erich-Kästner-Gymnasium, und möchte Ihnen ein bisschen von meiner neuen Schule berichten.	*Ansprechen der Adressatin*
Ich besuche die Klasse 5c, das ist eine Sportklasse. In meiner Klasse sind 31 Kinder. Das sind viel mehr Kinder als bei uns in der Grundschule. Ich kenne aber mittlerweile alle Namen. Wir haben in jedem Fach eine andere Lehrerin bzw. einen anderen Lehrer und das Schulgebäude ist sehr groß. Das Erich-Kästner-Gymnasium hat viele einzelne Gebäude und ich muss oft den Raum wechseln. Das ist echt anstrengend, weil man immer seine Sachen zusammenpacken muss. Außerdem haben wir keine Frühstückspause im Klassenraum und müssen unser Frühstück auf dem Pausenhof essen. Trotzdem gefällt es mir hier super. Die neuen Fächer machen mir viel Spaß, vor allem Biologie. Leider kann ich nicht mehr zu Fuß zur Schule gehen, sondern muss mit dem Bus fahren. Morgens und mittags ist der immer sehr voll und ich bekomme oft keinen Sitzplatz. Bald haben wir einen ersten Wandertag und gehen in den Tierpark.	*Erzählung über persönliche Erlebnisse*
Wie geht es Ihnen? Wie ist Ihre neue erste Klasse? Ist sie auch so toll, wie wir waren? Vielleicht kann ich Sie ja mal in der Schule besuchen. Das würde mich sehr freuen. Können Sie mir bitte bald zurückschreiben?	*Abschied mit Bitte um Antwort*
Viele Grüße Ihr Till	*persönliche Grußformel mit Unterschrift*

Einen persönlichen Brief schreiben

Seite 6 **1** **Mögliche Lösung:**
Name meiner Schule: Astrid-Lindgren-Gymnasium
Meine Klasse: 5b
Größe der Schule: ca. 950 Schülerinnen und Schüler
Meine Klassenlehrerin/Mein Klassenlehrer: Frau Otto und Herr Lisicki
Meine Unterrichtsfächer: Deutsch, Englisch, Mathe, Biologie, Musik, Sport, Kunst, Praktische Philosophie, Erdkunde
Mein Lieblingsfach: Deutsch
So komme ich morgens zur Schule: mit dem Bus
Länge meines Schultages und Pausen: sechs Stunden, zwei große Pausen mit je 15 Minuten
Neue Freunde: Nils, Brian, Toni
Besonderes an meiner Schule: Sportschule
Das gefällt mir gut: Spielangebote in den großen Pausen
Weitere Themen: freiwillige AG-Angebote wie Koch-AG, Tischtennis-AG oder Spiele-AG am Nachmittag

Seite 7 **2** **Mögliche Lösung:**

Engelskirchen, den 13.09.20..

Lieber Herr Kunert,

ich hoffe, es geht Ihnen gut. Hatten Sie schöne Sommerferien? Wir haben Ihnen versprochen, dass wir uns bei Ihnen melden, um Ihnen von unseren neuen Schulen zu berichten.

Seite 7 **3** Über meine neue Schule gibt es viel zu erzählen. Ich besuche das Astrid-Lindgren-Gymnasium in Engelskirchen. Die Schule ist sehr groß. Ca. 950 Schülerinnen und Schüler kommen hier jeden Tag zum Unterricht. Es gibt fast 100 Lehrerinnen und Lehrer. Meine neue Klassenlehrerin ist Frau Otto, mein neuer Klassenlehrer ist Herr Lisicki. Beide sind sehr nett. Frau Otto unterrichtet mein Lieblingsfach Deutsch und bei Herrn Lisicki haben wir Kunst.

Seite 7 **4** Ich freue mich schon darauf, dass wir uns am Tag der offenen Tür in der Grundschule wiedersehen werden. Wir hatten ja gemeinsam überlegt, dass jeder etwas für das Buffet mitbringen soll. Gibt es dafür eine Liste?
Ich hoffe, dass Sie mir zurückschreiben.

Viele Grüße
Luca

„Du“ oder „Sie“? Den Adressaten oder die Adressatin richtig ansprechen

Seite 8 **1** Liebe Frau Linde, Meppen, den 17. September 20..

Ihnen Hatten Sie
wie geht es ~~dir~~? ~~Hattest du~~ schöne Ferien?

haben Sie Haben Sie
Hoffentlich ~~hast du~~ eine tolle neue Klasse bekommen. ~~hast du~~ mit den Kindern schon

einen Ausflug gemacht? **W**ir waren in unserer ersten Schulwoche mit ~~dir~~ Ihnen auf dem Wasserspielplatz. **A**uf unserem neuen Schulhof gibt es leider nicht viele Spielgeräte. **A**ber dafür haben wir einige Tischtennisplatten und viel Platz zum Laufen.

~~kennst du~~ Kennen Sie Herrn Schmid, unseren neuen Klassen- und Deutschlehrer? **E**r ist zwar nett, aber ganz schön streng. **W**ir müssen ihn immer siezen.

Ich fahre nun immer mit dem Bus zur Schule und muss daher sehr früh aufstehen. **D**as mag ich gar nicht. **F**ahren Sie noch immer täglich mit dem Fahrrad? **W**ie geht es ~~deinem~~ Ihrem Hund Lilo? **I**st sie immer noch so flauschig und lieb?

Bald hat unsere Schule einen pädagogischen Tag, da fällt der Unterricht aus. **D**arf ich **S**ie da besuchen? **D**as würde mich sehr freuen. **D**ann könnte ich **I**hnen noch mehr von meiner neuen Schule erzählen und Ihnen Bilder zeigen.

Ich freue mich drauf, ~~dich~~ Sie bald wiederzusehen.

Viele Grüße

Temi

Seite 8 **2** Lieber Max,
ich schreibe **dir** heute, weil ich ein schlechtes Gewissen habe. Gestern ist mir in **eurem** Garten nämlich etwas ganz Dummes passiert. Eigentlich bin ich gar nicht schuld, sondern **euer** Dackel Albert, der allein zu Hause war. Wahrscheinlich wart **ihr** gerade in der Stadt, um etwas einzukaufen. Albert buddelte nach seinem Lieblingsknochen, als mir die Idee kam, mit ihm Fußball zu spielen. Ich habe **eure** Gartenstühle als Torpfosten aufgestellt und **euer** Albert hockte sich auf die Torlinie. Er hat als Torwart miserabel gehalten. Der Plastikball landete genau in **eurem** Blumenbeet. Dabei ist die Lieblingssonnenblume **deines** Vaters umgeknickt.
Es tut mir sehr leid! Ich hoffe, **ihr** könnt Albert und mir verzeihen. Ich möchte **euch** gerne eine kleine Überraschung vorbeibringen.

Viele Grüße
dein Carlos

Seite 9 **3** Sehr geehrter Herr Harmsen,

ich schreibe **Ihnen** heute, weil ich ein schlechtes Gewissen habe. Gestern ist mir in **Ihrem** Garten nämlich etwas ganz Dummes passiert. Eigentlich bin ich gar nicht schuld, sondern **Ihr** Dackel Albert, der allein zu Hause war. Wahrscheinlich waren **Sie** gerade in der Stadt, um etwas einzukaufen. Albert buddelte nach seinem Lieblingsknochen, als mir die Idee kam, mit ihm Fußball zu spielen. Ich habe **Ihre** Gartenstühle als Torpfosten aufgestellt und **Ihr** Albert hockte sich auf die Torlinie. Er hat als Torwart miserabel gehalten. Der Plastikball landete genau in **Ihrem** Blumenbeet. Dabei ist **Ihre** Lieblingssonnenblume umgeknickt.

Es tut mir sehr leid! Ich hoffe, **Sie** können Albert und mir verzeihen. Ich möchte **Ihnen** gerne eine kleine Überraschung vorbeibringen.

Viele Grüße
Ihr Carlos

Erzählungen gestalten

Nach Bildern erzählen – In der richtigen Reihenfolge erzählen

Seite 11 **1**

Beispiellösung:
Bild 2: Der Vater hielt ein Seil in der Hand und schlug vor, aus dem Bett eine Wiege zu machen.
Bild 3: Der Vater saß auf einem Stuhl, schaukelte seinen Sohn und las ihm etwas vor.
Bild 4: Der Vater musste gehen und forderte seinen Sohn auf, sich auszuruhen.
Bild 5: Der Vater kam von draußen; er hatte Tee gekauft. Der Sohn stand im Bett und schaukelte wild. Es schien ihm gut zu gehen.
Bild 6: Der Sohn trug seine Schultasche auf dem Rücken und schaute grimmig. Der Vater schickte seinen Sohn verärgert zur Schule.

Eine Erzählung planen

Wer soll erzählen?

Seite 12 **1** Mögliche Erzählformen: Vater oder Sohn in der Ich-Form oder ein unbekannter Erzähler in der Er-/Sie-Form

Was geschieht? – Die Erzählschritte planen

Seite 13 **1** **Beispiellösung:**

a) ca. 10 Jahre alt
b) lebhaft
c) Vater und Sohn haben ein gutes Verhältnis.
d) Der Vater las dem Sohn vor, kochte ihm Tee und baute aus seinem Bett eine Schaukel.
e) Der Sohn hatte keine Lust, es wurde vielleicht eine Arbeit oder ein Test geschrieben.
f) „Jetzt kann ich es mir so richtig nett machen."; „Nun genieße ich meinen freien Tag."
g) „Oh! Er ist schon da ..."; „Ich habe ihn gar nicht kommen hören."; „Was mache ich denn jetzt?"
h) Der Sohn hatte ein schlechtes Gewissen. Es war ihm unangenehm, er fühlte sich ertappt. Er überlegte sich eine Ausrede für die Verspätung in der Schule.

Der Aufbau der Geschichte

Seite 14 **1**

	Nummer des Bildes
Einleitung	1
Hauptteil	2, 3, 4, 5
Schluss	6

Seite 14 **2** **Beispiellösung:**

Erzählplan	
Wann und wo ereignete sich die Handlung?	*Wintermorgen, Haus von Vater und Sohn, Zimmer des Sohnes*
Wer war an der Handlung beteiligt? (Figuren)	*Vater und Sohn*
Wer erzählt die Geschichte? (Erzähler und Erzählform)	*Der Sohn ist der Erzähler. Er erzählt in der Ich-Form.*
Was geschah? (Erzählschritte)	

Erzählplan	
– Einleitung	*Sohn hatte keine Lust, zur Schule zu gehen, es wurde vielleicht eine Arbeit oder ein Test geschrieben.*
– Hauptteil mit Spannungssteigerung und Höhepunkt	*Vater las dem Sohn vor, kochte ihm Tee und baute aus seinem Bett eine Schaukel, um dem Sohn eine Freude zu machen, damit es ihm besser ging. Da er keinen Tee mehr hatte, ging Vater einkaufen. Sohn sollte sich ausruhen. Als Vater nach Hause kam, stand Sohn wild schaukelnd im Bett.*
– Schluss	*Sohn musste in die Schule. Er kam mit schlechtem Gewissen zurück. Vater war nicht mehr böse. Es gab abends, nachdem Sohn seine Aufgaben erledigt hatte, Pizza. Vater musste lachen. Sohn dachte noch lange an dieses Ereignis zurück.*

Eine Erzählung schreiben

Der Erzählanfang

Seite 16 **1** Alle Lösungen sind denkbar; individuelle Lösungen der Schülerinnen und Schüler

Seite 16 **2** **Beispiellösung:**

Es war ein kalter, dunkler und ungemütlicher Januarmorgen. Mir war kalt und ich verspürte gar keine Lust, mich auf den langen Fußweg in die Schule zu machen, zumal ein Vokabeltest drohte. Ich hatte auch ganz vergessen, mich darauf vorzubereiten. Ich überlegte in meinem warmen Bett, wie ich es anstellen konnte, an diesem Tag zu Hause zu bleiben. Plötzlich hatte ich eine großartige Idee. „Darf ich heute zu Hause bleiben?“, fragte ich meinen Vater hoffnungsvoll. „Ich fühle mich gar nicht gut“, ergänzte ich, „mein Kopf tut ein bisschen weh.“ „Natürlich“, antwortete mein Vater. „Mit Kopfschmerzen kann man nicht zur Schule.“ Mit dieser Antwort war ich sehr zufrieden. Ich hätte jedoch nicht gedacht, dass sich der Tag ganz anders entwickeln würde.

Lebendig erzählen – Den Hauptteil einer Erzählung gestalten

Seite 17 **1** ___ = wörtliche Rede

= Redebegleitsätze

a) **„**In meinem Vortrag geht es heute um den Zeichner der Vater-und-Sohn-Geschichten, e.o. plauen**“**, erklärt Marie der Klasse.

b) **„***e.o. plauen* war aber gar nicht sein richtiger Name**“**, ergänzt sie, **„**sondern ein Künstlername, ein sogenanntes Pseudonym. Mit bürgerlichem Namen hieß er Kurt Erich Ohser.**“**

c) **„**Wann hat er denn gelebt?**“**, fragt James.

d) Mit Blick auf ihre Notizen antwortet Marie: **„**Kurt Erich Ohser wurde 1903 in Sachsen geboren. Er starb 1944 in Berlin.**“**

Seite 18 **2** a) **„**Die Geschichten von Vater und Sohn sind Ohsers bekanntestes Werk**“,** fährt Marie fort**, „**die Sammelbände hatten in den 1930er-Jahren eine Gesamtauflage von 170 000 Exemplaren.**“**

b) **„**Und sie werden noch immer weltweit verkauft, z.B. in Mittel- und Lateinamerika oder in China. Die Geschichten kommen ohne Text aus, daher kann man sie überall verstehen**“,** erklärt sie den anderen.

c) **„**Erzählt der Zeichner in den Bildergeschichten denn von seinem eigenen Sohn**?“,** will Ali wissen.

d) Marie nickt und sagt**: „**Ich glaube, für die Geschichten waren Ohsers Sohn, aber auch sein eigener Vater wichtig.**“**

e) Dann liest sie ein Zitat des Künstlers vor. Erich Ohser hat dazu selbst geschrieben**:** **„**Die Vater-und-Sohn-Zeichnungen sind Erinnerungen an meine Kindheit, ausgelöst durch die Freude am eigenen Sohn.**“**

f) **„**Vielen Dank für den tollen Vortrag, Marie**!“,** lobt der Lehrer zum Schluss. **„**Wenn ihr mehr über Erich Ohser wissen wollt, könnt ihr z.B. das Erich-Ohser-Haus in Plauen, seiner Heimatstadt, besuchen.**“**

Seite 18 **3** **Beispiellösung:**
Als mein Vater den Raum verließ, hob er noch einmal den Zeigefinger und ermahnte mich: „Bleib im Bett und ruh dich aus!“ „Das mache ich“, sagte ich mit matter Stimme. „Schlaf ist die beste Medizin“, nickte mein Vater zustimmend. „Ich gehe jetzt in die Stadt“, fügte er dann hinzu, „und kaufe neuen Tee. Brauchst du sonst noch etwas?“

Seite 19 **1**

Gefühl	**treffender Ausdruck/treffende Formulierung**
Freude	in die Luft springen, grinsen, jubeln, tanzen, hüpfen, strahlen, aufschreien, Herzrasen, schneller Puls, lächeln
Traurigkeit	weinen, hängende Schultern, schluchzen
Schreck	weit geöffnete Augen, erstarren, die Luft anhalten, zusammenzucken, aufschreien
Angst	kalte Hände, erstarren, die Luft anhalten, zittern, kalter Schweiß, sich ducken, aufschreien, flüstern, Herzrasen, schneller Puls
Aufregung	kalte Hände, grinsen, zittern, kalter Schweiß, aufschreien, Herzrasen, schneller Puls

Seite 20 **2** **Beispiele für Kombinationsmöglichkeiten:**
entsetzt aufschreien, herzhaft in einen Apfel beißen, enttäuscht weggehen, trotzig schweigen, jubelnd in die Luft springen, lauthals lachen, zweifelnd den Kopf schütteln, erschöpft niedersinken, angestrengt nachdenken, vorsichtig näher kommen, sich überrascht umdrehen

Seite 21 **3** eine Radtour unternehmen, eine Dose öffnen, eine Tür schließen, ein Kalenderblatt abreißen, ein Loch in den Sand graben, eine Jacke zuknöpfen, eine Schleife binden, sich beeilen, trödeln

Seite 21/22 4, 5

sagen	gehen	sehen
schreien	schleichen	blinzeln
rufen	rennen	spähen
flüstern	laufen	gucken
antworten	kriechen	schielen
entgegnen	hüpfen	erblicken
stottern	schlendern	
brüllen	bummeln	
schwatzen	eilen	
plaudern	sausen	
tratschen	brausen	
	humpeln	

Seite 22 1 **Fragen:** Wieso ist er denn schon wieder da? Was mache ich denn nun? Was kann ich sagen? Wird er sauer sein? Wie komme ich hier wieder raus? Muss ich nun doch noch in die Schule?

Geräusche: Stille, Pochen im Kopf, Herzklopfen

Gefühle: Panik, Scham, schlechtes Gewissen, Angst vor der Reaktion des Vaters, Angst vor Konsequenzen

Gedanken/Wünsche: Es war so lustig, aber jetzt fühle ich mich wirklich schlecht. Ich möchte die Uhr zurückdrehen. Ich möchte einfach hier liegen bleiben.

Seite 22 2 Individuelle Lösungen, **Beispiellösung:**
Kaum war die Tür ins Schloss gefallen, legte ich los. Wie hoch ich mit der Bett-Schaukel wohl kommen würde? Das Seil war stabil, ich schaukelte höher und höher. So ein Tag ohne Schule war großartig! Ich musste laut lachen, als ich mir vorstellte, wie die anderen nun über dem Vokabeltest schwitzen würden. Ich gab noch ein bisschen mehr Anschwung und hätte fast die Decke erreicht, als plötzlich mein Vater im Raum stand. In der jetzt eintretenden Stille rasten meine Gedanken: Wieso ist er denn schon wieder da? Was mache ich denn nun? Das würde Ärger geben ... Mein Vater schaute mich böse und vorwurfsvoll mit hochgezogenen Augenbrauen an. Ich konnte die Enttäuschung in seinem Gesicht sehen. Er sagte kein Wort, was die Situation noch schrecklicher für mich machte. Ich suchte verzweifelt nach den passenden Worten und bemühte mich gleichzeitig, den Schwung der Bettschaukel zu bremsen. Als das Schaukeln aufgehört hatte, blickte ich meinen Vater lächelnd an. Er blieb regungslos. Ich konnte dieses Schweigen nicht mehr ertragen und stammelte: „Ich ... äh ... also, als du weg warst, ging es mir ganz schnell besser und da dachte ich mir, ich schaue mal, ob mir das Schaukeln hilft oder ob es mir wieder schlechter geht." Ich konnte in den Augen meines Vaters ein Funkeln entdecken. Das Lächeln war nicht mehr weit ...

Der Erzählschluss und die Überschrift

Seite 23 1 Individuelle Lösungen der Schülerinnen und Schüler

Seite 23 2 Individuelle Schülerlösungen, **Beispiellösung:**
Und natürlich bekam ich Ärger. Den Ärger meines Lebens. Mein Vater war wütend. Und noch viel schlimmer, er war auch traurig und enttäuscht. Mir tat das alles nun furchtbar leid und ich schlich schuldbewusst und eingeschüchtert zur Schule. Ein bisschen amüsiert war mein Vater aber schon, denn er hat die Geschichte später noch oft erzählt und dabei immer für viel Gelächter gesorgt.

Seite 23 **3** **Beispiellösungen:**
„Wie ich die Schule schwänzte – und trotzdem etwas gelernt habe“, „Blaumachen für Anfänger“, „Schulschwänzen mit Aussicht – auf Ärger“

Seite 24 **4** Individuelle Lösungen, **Beispiellösung:**

Wie ich die Schule schwänzte – und trotzdem etwas gelernt habe
Es war ein kalter, dunkler und ungemütlicher Januarmorgen. Mir war kalt und ich verspürte gar keine Lust, mich auf den langen Fußweg in die Schule zu machen, da auch ein Vokabeltest drohte. Ich hatte ganz vergessen, mich darauf vorzubereiten. Ich überlegte in meinem warmen Bett, wie ich es anstellen konnte, an diesem Tag zu Hause zu bleiben. Plötzlich hatte ich eine großartige Idee. „Darf ich heute zu Hause bleiben?“, fragte ich meinen Vater hoffnungsvoll. „Ich fühle mich gar nicht gut“, ergänzte ich, „mein Kopf tut ein bisschen weh.“ „Natürlich“, antwortete mein Vater. „Mit Kopfschmerzen kann man nicht zur Schule.“ Mit dieser Antwort war ich sehr zufrieden. Ich hätte jedoch nicht gedacht, dass sich der Tag ganz anders entwickeln würde.
Sofort überlegte mein Vater nämlich, wie er mir eine Freude machen konnte. Wenig später kehrte er mit einer dampfenden Tasse Tee und einem Seil zurück. Er bemerkte meinen fragenden Blick. „Dieses Seil ist sehr stabil“, erklärte mein Vater zufrieden. „Damit kann ich dein Bett an der Decke befestigen und eine Schaukel bauen.“
Ich war begeistert. „Aber bitte nur sehr vorsichtig schaukeln“, sagte ich mit schwacher Stimme, „damit es mir nicht schlechter geht.“ Mein Vater schaukelte das Bett vorsichtig und las mir mit leiser Stimme vor. Ich schloss die Augen und gab vor, sehr müde zu sein. „Schlaf ist die beste Medizin“, nickte mein Vater zustimmend. „Ich gehe jetzt in die Stadt“, fügte er dann hinzu, „und kaufe neuen Tee. Brauchst du sonst noch etwas?“
„Nein, nein“, erklärte ich leise. Kaum war die Tür ins Schloss gefallen, legte ich los. Wie hoch ich mit der Bett-Schaukel wohl kommen würde? Das Seil war stabil, ich schaukelte höher und höher. So ein Tag ohne Schule war großartig! Ich musste laut lachen, als ich mir vorstellte, wie die anderen nun über dem Vokabeltest schwitzen würden. Ich gab noch ein bisschen mehr Anschwung und hätte fast die Decke erreicht, als plötzlich mein Vater im Raum stand. In der jetzt eintretenden Stille rasten meine Gedanken: Wieso ist er denn schon wieder da? Was mache ich denn nun? Das würde Ärger geben ...
Und natürlich bekam ich Ärger. Den Ärger meines Lebens. Mein Vater war wütend. Und noch viel schlimmer, er war auch traurig und enttäuscht. Mir tat das alles nun furchtbar leid und ich schlich schuldbewusst und eingeschüchtert zur Schule. Ein bisschen amüsiert war mein Vater aber schon, denn er hat die Geschichte später noch oft erzählt und dabei immer für viel Gelächter gesorgt.

Wortarten erkennen und richtig gebrauchen

Seite 25 **1** Nomen – **Verben** – Adjektive – Artikel – Pronomen – Präpositionen

Die besondere Muschel
Auf einer windigen Insel **entdecken** Thea und Alexis an einem Strand eine besondere Muschel. Sie **betrachten** sie genau. Die Muschel **glänzt** in den Sonnenstrahlen und **hat** eine faszinierende Form. Während Alexis die Muschel **bewundert** und **fotografiert**, **läuft** Thea in die Ferienwohnung und **sucht** ihr Bestimmungsbuch.

Nomen und Artikel

Die Großschreibung von Nomen

Seite 26 **1** **Was ist eine Insel?**

Eine Insel ist eine Landfläche, die von Wasser umgeben ist. Man findet sie im Meer und in Flüssen. Auf der Erde gibt es sehr viele unterschiedlich große Inseln. In Deutschland befinden sich zahlreiche Inseln in der Nordsee und in der Ostsee. Urlauber suchen auf ihnen Entspannung und Ablenkung und Kinder freuen sich über die Tiere und den Strand. Seehunde sind sehr beliebt, aber auch Muschelschalen, Krebse oder Bernstein sorgen für Begeisterung.

Seite 27 **2**

Lebewesen	**Dinge**	**Empfindungen**
die Urlauber	die Insel	die Entspannung
die Kinder	die Landfläche	die Ablenkung
die Tiere	das Wasser	die Begeisterung
die Seehunde	das Meer	
die Krebse	die Flüsse	
	die Erde	
	die Inseln	
	der Strand	
	die Muschelschalen	
	der Bernstein	

Das Genus

Seite 27 **1** Femininum: *kursiv*
Maskulinum: unterstrichen
Neutrum: unterlegt

die *Freundin*	das Tier	das Boot	die *Blüte*
das Zelt	der Boden	das Blatt	der Pinguin
die *Schale*	die *Natur*	der Vulkan	die *Reise*
die *Zeit*	die *Temperatur*	der Regen	das Schiff
die *Sonne*	der Regenwald	der Schutz	die *Freude*

Der Artikel

Seite 28 **1** An **einem**/dem sonnigen Tag gingen zwei Geschwister, **ein**/das Mädchen und **ein**/der Junge, am Strand spazieren. Sie fanden auf ihrem Weg ein Seehundjunges, **einen**/den sogenannten Heuler. Weil die beiden in einer/**der** Schule über ein/**das** Leben im Wattenmeer gesprochen hatten, wussten sie, dass es an der deutschen Nordsee **eine**/die Seehundaufzuchtstation in Friedrichskoog und **eine**/die Seehundaufzuchtstation in Norddeich gibt. Sie hatten auch gelernt, dass ein/**der** Seehund ein/**das** wohl bekannteste Tier im deutschen Wattenmeer ist und dass Seehunde gut an **den**/einen Lebensraum im Wattenmeer angepasst sind. Die beiden Kinder finden Seehunde sehr faszinierend und betrachteten einen/**den** lebendigen kleinen Heuler aufmerksam. Dabei fiel ihnen eine/**die** torpedoartige Form eines/**des** Körpers ebenso auf wie ein/**das** kurze und dichte Fell des Seehundes. Aus dem Unterricht wussten sie, dass sie **einen**/den Seehund besser nicht anfassen sollten.

Seite 29 **2** Der bestimmte Artikel bezeichnet etwas Eindeutiges. Beispiel: den Lebensraum im Wattenmeer → es ist ein ganz bestimmter Lebensraum, der im Wattenmeer.
Der unbestimmte Artikel bezeichnet etwas Beliebiges. Beispiel: einen sogenannten Heuler → irgendein junger Seehund, kein besonderer junger Seehund.

Seite 29 **3**

das Surfbrett	das Hotel	der Tourist
die Eidechse	das Auto	die Flasche
das Boot	die Welle	der Fisch
die Muschel	die Reise	das Gespräch
das Flugzeug	die Surflehrerin	der Seestern
die Schatzkiste	die Sandschaufel	der Wal

Der Numerus

Seite 30 **1** **Die Tierwelt (Sg) der Galapagos-Inseln (Pl)**

Die Galapagos-Inseln (**Pl**) sind eine Inselgruppe (**Sg**) im Pazifik (**Sg**), die aus Vulkanen (**Pl**) entstanden ist. Aufgrund der Abgeschiedenheit (**Sg**) der Inseln (**Pl**) gibt es dort eine vielseitige Tierwelt (**Sg**) und faszinierende Pflanzen (**Pl**), die einzigartig auf der Welt (**Sg**) sind. Sowohl an Land (**Sg**) als auch im Wasser (**Sg**) findet man eine sehr große Vielfalt (**Sg**) von Arten (**Pl**). Die UNESCO, eine internationale Organisation (**Sg**), die sich auch für den Schutz (**Sg**) von Naturlandschaften (**Pl**) einsetzt, hat die Galapagos-Inseln (**Pl**) zum Weltnaturerbe (**Sg**) erklärt. Das Naturparadies (**Sg**), das aus faszinierenden Landschaften (**Pl**) und einer einmaligen Tierwelt (**Sg**) besteht, ist ein beliebtes Reiseziel (**Sg**) für Urlauber (**Pl**), die die unberührte Natur (**Sg**) zwischen Unterwasserwelten (**Pl**) und Regenwäldern (**Pl**) kennenlernen möchten.

Der Kasus

Seite 31 **1**

Nomen	Kasusfrage	Kasus
Pinguine	Wer oder was?	Nominativ
viele verschiedene Pinguinarten	Wen oder was?	Akkusativ
der Galapagos-Pinguin	Wer oder was?	Nominativ
diesem warmen Klima	Wem?	Dativ
rosa Flecken	Wen oder was?	Akkusativ
die Haut	Wer oder was?	Nominativ
Wärme	Wer oder was?	Nominativ
große Füße	Wen oder was?	Akkusativ
abstehende Flügel	Wen oder was?	Akkusativ

Seite 32/33 **2, 3** Hallo lieber Finder der Flaschenpost,

ich bin auf der Insel Norderney mit der Schule (**Dativ**). Wir verbringen hier eine Woche und entdecken die Insel (**Akkusativ**). Wir haben im Watt eine Schlickschlacht gemacht. Ich habe den Schlick (**Akkusativ**) ins Gesicht bekommen und anschließend aus Versehen beim Werfen das T-Shirt des Lehrers getroffen. Er versteht aber zum Glück viel Spaß.
Das Wasser der Nordsee ist sehr kalt, aber wir gehen trotzdem jeden Tag schwimmen. Wir werden auch noch eine Bootsfahrt (**Akkusativ**) machen, um die Seehunde auf den Sandbänken zu sehen.
Meine Freunde und ich haben uns auch schon Fahrräder geliehen und sind auf den Wanderwegen durch die Dünen gefahren. Dabei ist der Reifen (**Nominativ**) des Fahrrads eines Kindes geplatzt und wir mussten den Schlauch (**Akkusativ**) flicken.

Gut, dass wir Flickzeug des Fahrradverleihs dabeihatten, sodass wir dem Kind (**Dativ**) schnell helfen konnten.
Ich würde mich freuen, wenn du mir auf meine Flaschenpostnachricht antworten könntest. Unten steht meine Handynummer (**Nominativ**).

Viele Grüße
Piet
0123 4567891

Verben

Die Grundform von Verben

Seite 33 **1**
a) Wenn die Sonne scheint, können wir im Meer schwimmen/tauchen/baden.
b) Wenn es windig ist, können wir Wolken beobachten/zählen.
c) Oder wir können Muscheln sammeln/suchen/finden und Vögel beobachten/zählen.
d) Wir können am Strandkiosk ein Eis kaufen/holen/aussuchen.
e) Nach einem Sturm kann man Bernstein sammeln/finden/suchen.

Die Personalformen von Verben

Seite 34 **1** **Dänemark**
Dänemark ist ein Staat im Norden Europas, der von der Nord- und Ostsee umgeben ist. Zu Dänemark gehören über 1000 Inseln. Die größte Insel heißt Seeland. Dort liegt auch die Hauptstadt Kopenhagen.
Dänemark hat nur eine Landgrenze, nämlich zu Deutschland. Die Halbinsel Jütland ist Dänemarks einziges Festland. Zu den Inseln Dänemarks gehören auch die Färöer-Inseln und Grönland. Zusammen mit diesen Inseln ist Dänemark das größte Land Europas. Ohne die Inseln zählt es zu den kleineren Ländern.
Dänemark ist ein sehr beliebtes Urlaubsland, da es über eine sehr lange Küste verfügt, die über 7000 Kilometer lang ist. An den vielen schönen Sandstrände können Erwachsene und Kinder baden, Sandburgen bauen, Drachen steigen lassen, im Meer planschen oder Muscheln sammeln und Tiere beobachten. Auch der Familienhund darf an vielen dänischen Stränden spielen.

Seite 35 **2**

	Singular	
Infinitiv	laufen	spielen
1. Person – ich	ich lauf**e**	ich spiel**e**
2. Person – du	du läuf**st**	du spiel**st**
3. Person – er/sie/es	er/sie/es läuf**t**	er/sie/es spiel**t**
	Plural	
1. Person – wir	wir lauf**en**	wir spiel**en**
2. Person – ihr	ihr lauf**t**	ihr spiel**t**
3. Person – sie	sie lauf**en**	sie spiel**en**

Seite 36 **3**

Infinitiv: sein		
	Singular	**Plural**
1. Person	ich **bin**	wir **sind**
2. Person	du bist	ihr seid
3. Person	er/sie/es **ist**	sie **sind**

Infinitiv: haben		
	Singular	**Plural**
1. Person	ich **habe**	wir **haben**
2. Person	du **hast**	ihr **habt**
3. Person	er/sie/es hat	sie haben

Die Tempusformen von Verben

Seite 37 1 **Wanderdünen**

Wanderdünen sind große Berge aus Sand, die vom Wind bewegt werden. In Dänemark gibt es besonders an der Nordseeküste solche Dünen. Eine der bekanntesten Wanderdünen heißt Råbjerg Mile, die in der Nähe von Skagen liegt. Sie bildet die größte Wanderdüne in Nordeuropa und wandert jedes Jahr ca. 15 Meter weiter. Das passiert, weil der starke Wind den Sand vor sich herschiebt. Es leben dort kaum Pflanzen, die den Sand festhalten könnten. Wanderdünen sehen beeindruckend aus und zeigen die Stärke der Natur, die die Landschaft immer wieder verändert.

Seite 38 1 **Wikinger**

Wikinger lebten im Mittelalter im heutigen Norwegen, Schweden und Dänemark. Sie bauten Schiffe und handelten mit Waren. Einige Wikinger überfielen aber auch Schiffe, Städte und Dörfer rund um die Nord- und Ostsee. Über große Flüsse wie den Rhein erreichten sie sogar das Landesinnere und gelangten so auch in Städte wie Köln oder Trier. Wikinger waren Seefahrer und Krieger, aber auch Händler und Bauern. Da die Raubzüge der Wikinger oft grausam waren, fürchtete man sie in vielen Ländern. Die Wikinger fuhren aufgrund ihrer seetauglichen Langschiffe, die einen sehr flachen Boden hatten, auch in seichte Gewässer und landeten sogar direkt am Strand.
In Wikingerdörfern, wie z. B. im dänischen Ribe, erfährt man viel über das Leben dieser Seefahrer und kann sich auf eine Zeitreise begeben. Die Wikinger faszinieren uns auch heute noch. Vermutlich wird man sich auch noch in Zukunft an diese gefürchteten Seefahrer erinnern.

Seite 39 2 lebten – leben, bauten – bauen, handelten – handeln, überfielen – überfallen, erreichten – erreichen, gelangten – gelangen, waren – sein, waren – sein, fürchtete – fürchten, fuhren – fahren, hatten – haben, landeten – landen

Seite 39 3 **Präsens:** wünschen, sitze, springst, fangen, beobachtet, laufen, singst, hüpfen
Präteritum: las, rannten, schwammen, sah, erzählten, tauchte, flogen, tranken

Seite 40 4

Verb im Infinitiv	**tragen**	**fliegen**	**sagen**	**graben**	**legen**	**rufen**
Präteritum 3. Pers. Sg.	trug	flog	sagte	grub	legte	rief
stark	X	X		X		X
schwach			X		X	

Seite 40 5 **Mein erster Inseltag**

Morgens stand ich früh auf, um den ersten Tag zu genießen. Der Himmel war noch sehr wolkig. Ich wusch mich, zog mich an, putzte meine Zähne und ging ohne Frühstück direkt zum Strand. Dort beobachtete ich die Fischer, die auf ihren Booten auf das Meer hinausfuhren. Anschließend sammelte ich Muscheln und fand auch einen Seestern. Die kleinen Krebse warf ich zurück ins Meer. Danach kehrte ich in unsere Ferienwohnung zurück. Der Frühstückstisch war bereits gedeckt und die frische Brötchen dufteten lecker. Unser Hund lag faul vor dem Sofa. Während wir frühstückten, klarte der Himmel auf und die Sonne schien. Das war ein toller Start in unseren Inselurlaub.

Seite 41 **1**
a) Luca ist beim Fahrradausflug in die Dünen gestürzt und hat sich dabei das Knie aufgeschlagen.
b) Gestern Morgen sind viele Kinder ins kalte Wasser gesprungen.
c) Der Seehund hat sich auf der Sandbank ausgeruht.
d) Die Schulklasse hat am Nachmittag eine Wattwanderung unternommen und anschließend haben die Kinder an der Strandpromenade ein Eis gegessen.
e) Die Strandbesucher haben den Surfern zugeschaut, die den starken Wind genutzt haben.

Seite 42 **2** **Beispiellösungen:**
a) Mein Freund und ich sind den ganzen Tag im Meer geschwommen und sind getaucht.
b) Wir haben viel am Strand gespielt.
c) Wir haben Muscheln gesammelt.
d) Wir haben gelacht.
e) Ich habe viele Möwen gehört und beobachtet.

Seite 43 **1**
a) Paula und Emil hatten mit ihren Eltern einen Urlaub an der Ostsee geplant.
b) Sie hatten eine Ferienwohnung gemietet.
c) Am Strand hatten sie viele Muscheln gesammelt und hatten dabei auch einige Fossilien gefunden.
d) Die Fossilien waren entstanden, weil Sand oder Schlamm ein Tier oder eine Pflanze eingeschlossen hatten. Über viele, viele Jahre war das Material hart wie Stein geworden.

Seite 43 **2**
a) Nachdem Mona die Postkarte an ihre Oma geschrieben hatte, brachte sie diese direkt zum Briefkasten.
b) Ben hatte gut gefrühstückt, bevor er an den Strand ging.
c) Die Urlauber waren bereits sicher mit der Fähre im Hafen angekommen, als der Sturm begann.
d) Die Möwe fraß einen Keks, den sie einem Kind zuvor am Strand gestohlen hatte.
e) Die Kinder hatten gemeinsam einen Drachen gebastelt, den sie dann am Strand ausprobierten.

Seite 44 **3**

Infinitiv: springen			
	Singular		
	Perfekt	**Präteritum**	**Plusquamperfekt**
1. Person	ich bin gesprungen	ich sprang	ich war gesprungen
2. Person	du bist gesprungen	du sprangst	du warst gesprungen
3. Person	er/sie/es ist gesprungen	er/sie/es sprang	er/sie/es war gesprungen
	Plural		
1. Person	wir sind gesprungen	wir sprangen	wir waren gesprungen
2. Person	ihr seid gesprungen	ihr sprangt	ihr wart gesprungen
3. Person	sie sind gesprungen	sie sprangen	sie waren gesprungen

Infinitiv: sehen			
		Singular	
	Perfekt	**Präteritum**	**Plusquamperfekt**
1. Person	ich habe gesehen	ich sah	ich hatte gesehen
2. Person	du hast gesehen	du sahst	du hattest gesehen
3. Person	er/sie/es hat gesehen	er/sie/es sah	er/sie/es hatte gesehen
		Plural	
1. Person	wir haben gesehen	wir sahen	wir hatten gesehen
2. Person	ihr habt gesehen	ihr saht	ihr hattet gesehen
3. Person	sie haben gesehen	sie sahen	sie hatten gesehen

Seite 45 **1** **Beispiellösungen:**

- In den Sommerferien werde ich den ganzen Tag im Freibad schwimmen.
- In den Sommerferien werde ich Basketball spielen.
- In den Sommerferien werde ich wandern gehen.
- In den Sommerferien werde ich jeden Tag ein riesiges Eis essen.

Seite 46 **1, 2**

☐ **a)** Morgen wird es Regen geben.

☒ **b)** **Futur II:** Der Seeadler wird sein Nest bald gebaut haben.

☒ **c)** **Futur II:** Wir werden die Inselrallye morgen hoffentlich gewonnen haben.

☐ **d)** Die Muscheln werden den Restaurantbesuchern bestimmt gut schmecken.

☐ **e)** Der Leuchtturm wird seinen Dienst nächste Woche nach der Reparatur wieder aufnehmen.

☒ **f)** **Futur II:** Das Museum wird seine neue Ausstellung im August eröffnet haben.

Adjektive

Seite 47 **1** **Seesterne**

Legt man sich einen lebendigen Seestern auf die Hand, nutzt dieser seine Saugnäpfe, um sich festzusaugen. Aufgrund der starken Saugnäpfe kann man ihn nur mit Mühe wieder von der Handfläche lösen. Die Saugwirkung ist so stark, dass der Seestern mit seinen kleinen Saugnäpfen sogar Miesmuscheln öffnen kann.
Seesterne sind hübsch anzusehen. Sie faszinieren durch ihre orange-rote bis violette Farbe. Auf der Unterseite sind sie etwas heller. Seesterne haben einen scheibenförmigen Körper mit mehreren Armen. Die Oberseite besitzt kleine Stacheln, an der Unterseite sind viele Reihen kleiner Saugfüßchen vorhanden. Die Mundöffnung befindet sich an der Unterseite des Körpers und ist über einen kurzen Schlund mit der Magenöffnung verbunden. Seesterne haben weder ein Herz noch ein Gehirn, verfügen aber über ein Nerven- und Wassergefäßsystem, das den ganzen Körper des Seesterns durchzieht. Seesterne leben meistens an felsigen und steinigen Küsten.

Seite 47 **2** **Seehunde**

Seehunde werden in den Monaten Juni und Juli auf einer einsamen Sandbank im Wattenmeer geboren. Wenn die Wehen einsetzen, sucht das Muttertier einen abgelegenen Ort. Seehunde kommen in einer besonders schnellen Geburt zur Welt. Der junge

Seehund muss schwimmen können, bevor das Hochwasser den Liegeplatz der Seehunde erreicht hat. Diese Fähigkeit ist Seehunden angeboren.
Junge Seehunde stoßen ihr weiches und wasserdurchlässiges Fell bereits im Mutterleib ab und werden mit einem glatten Fell geboren.
Die von der Geburt erschöpften Muttertiere ruhen sich nach der anstrengenden Geburt aus und säugen zugleich ihr hungriges Junges. Die reichhaltige und fettige Muttermilch führt zu einer schnellen Kräftigung der Seehundjungen.
Es ist wichtig, dass die Seehunde in dieser Zeit nicht durch leichtsinnige Wassersportler oder neugierige Touristen gestört werden.

Seite 48 **1** **Beispiellösungen**:
Die Möwe ist **niedlich**, der Fischotter ist niedlicher, die Robbe ist am niedlichsten.
Der Krebs ist **hässlich**, der Wattwurm ist hässlicher, der Aal ist am hässlichsten.
Die Qualle ist **groß**, die Gans ist größer, die Robbe ist am größten.
Der Seestern ist **langsam**, der Wattwurm ist langsamer, die Miesmuschel ist am langsamsten.

Pronomen

Personalpronomen

Seite 49 **1**

b) Das Fischerboot liegt im Hafen.
Es liegt im Hafen.

c) Die Muscheln werden von den Kindern gesammelt.
Sie werden von **ihnen** gesammelt.

d) Delfine leben in Gruppen, den sogenannten Schulen.
Sie leben in Gruppen, den sogenannten Schulen.

e) Der Seeteufel ist ein Fisch, der auf dem Meeresgrund lebt.
Er ist ein Fisch, der auf dem Meeresgrund lebt.

f) Viele Menschen machen gerne auf einer Insel Urlaub.
Sie machen gerne auf einer Insel Urlaub.

g) Viele Urlauber nutzen den Wind für Wassersport.
Sie nutzen **ihn** für Wassersport.

Seite 50 **2**

a) **Die Kinder** füttern **Möwen** am Strand. **Sie** kreischen dabei laut.
- Die Kinder füttern Möwen am Strand, die dabei laut kreischen.
- Die Kinder füttern Möwen am Strand. Diese kreischen dabei laut.
- Die Kinder füttern Möwen am Strand. Die Möwen kreischen dabei laut.

b) **Strandkörbe** sind bei **Touristen** sehr beliebt. Sie sind bequem und schützen vor Wind.
- Strandkörbe sind bei Touristen sehr beliebt. Die Strandkörbe sind bequem und schützen vor Wind.
- Strandkörbe sind bei Touristen sehr beliebt, weil sie bequem sind und vor Wind schützen.

c) **Viele Urlaubsgäste** buchen eine Fahrt auf einem der **Ausflugsboote**. **Sie** legen direkt am Hafen ab.
- Viele Urlaubsgäste buchen eine Fahrt auf einem der Ausflugsboote. Die Ausflugsboote legen direkt am Hafen ab.

- Viele Urlaubsgäste buchen eine Fahrt auf einem der Ausflugsboote, die direkt am Hafen ablegen.
- Viele Urlaubsgäste buchen eine Fahrt auf einem der Ausflugsboote. Diese legen direkt am Hafen ab.

Seite 50 **3** Titus: **Ich** war in den Sommerferien auf Rügen. Wo warst **du** denn?
Rania: Meine Familie und **ich** waren in den Bergen in Südtirol.
Titus: Was kann man denn in den Bergen machen? War **dir** da nicht langweilig?
Rania: Nein, **wir** haben jeden Tag einen Ausflug gemacht, sind über steile Pfade gewandert und konnten dabei viele Tiere beobachten. An den Wanderwegen waren immer Hütten, in denen man sich stärken kann. Meine Schwester mochte am liebsten Marillenknödel, die eine sehr beliebte Süßspeise sind.
Titus: Das hört sich ja gut an. **Ich** bin viel in der Ostsee geschwommen. An zwei Tagen habe **ich** auch ein Stand-Up Paddle-Board ausgeliehen. Auf dem Board zu stehen und über die Wellen zu gleiten ist aber nicht so einfach. **Ich** bin oft ins Wasser gefallen. Konntet **ihr** schwimmen gehen?
Rania: Unser Hotel hatte einen Außenpool. **Er** war beheizt und hatte eine Rutsche, die bei allen Kindern sehr beliebt war.
Titus: Ferien in den Bergen sind spannender, als **ich** gedacht habe.

Possessivpronomen

Seite 51 **1** **Aufregung im Landschulheim**

Youssef hat **seinen** Schülerausweis verloren. „Hat jemand **meinen** Schülerausweis gesehen?“, ruft er laut über den Flur. „Kannst du nicht besser auf **deine** Sachen aufpassen? Immer verlierst du **deine** Sachen“, knurrt **seine** Zwillingsschwester Taja. „Kannst du nicht mal nachsehen, ob du **meinen** Ausweis aus Versehen eingesteckt hast?“, bittet Youssef. Widerwillig kramt Taja in **ihrem** Rucksack. Sie holt auch **ihr** Portemonnaie hervor. „Hier, sieh selbst! Ich habe nur **meinen** Ausweis!“ „Ich glaube, ich habe eine Idee, wo **dein** Ausweis sein könnte“, ruft Carl. „Wir haben doch eben draußen auf der Wiese für **unser** Völkerballturnier trainiert und du hattest **deinen** Rucksack auf die Bank neben Bennets Jacke gelegt. Vielleicht ist **dein** Ausweis herausgefallen.“ Youssef läuft schnell zur Wiese und kommt kurz darauf freudestrahlend mit **seinem** Ausweis zurück. „Jetzt kann ich mir wieder ein Stand-Up Paddle-Board ausleihen und **meinen** Ausweis als Pfand hinterlegen.“

Präpositionen

Seite 52 **1** **Beispiellösungen:**

- Die Stofftierseehunde liegen links neben den Leuchttürmen.
- Die Schiffe stehen auf dem Tisch.
- Die Postkarten stehen in einem Aufsteller.
- Die Tassen stehen im Regal an der Wand.
- Die Baumwolltaschen hängen hinten an der Wand.
- Das Sandspielzeug liegt in einer Kiste auf dem Boden.
- Die Sonnenschirme stehen in einem Eimer.
- Die Drachen hängen unter der Decke.

Seite 53 **2** **Beispiellösungen:**

- Der Ball fällt auf den Sand.
- Die Strandkörbe stehen am Strand.
- Ich werfe meine Postkarte an meine Oma in den Briefkasten.
- Der Fisch schwimmt im Wasser.

- Wir wandern mit einem Wattführer durch die Dünen.
- Meine Klasse trifft sich vor der Eisdiele.
- Wir liegen unter einem Sonnenschirm.
- Die Sonne brennt vom Himmel.
- Die Fähre legt am Hafen an.
- Ich stehe neben dem Hotel.

Tiere beschreiben und über ein Ereignis berichten

Eine Tierbeschreibung verfassen

Anemonenfisch und Blobfisch – Tierbeschreibungen untersuchen

Seite 57 1, 2

Anemonenfische *Überschrift*

Der Anemonenfisch, auch Clownfisch genannt, ist ein faszinierendes Meereswesen. Er hat seine **Heimat in den Gewässern des Indopazifiks**. ***Einleitung***

Anemonenfische sind bekannt für ihre **leuchtenden Farben** und ihre enge Beziehung zu Seeanemonen. Anemonenfische sind **klein, meist ca. zwischen 10 und 18 Zentimeter lang**. Sie haben **auffällige, leuchtende Farben**, die von **Orange** über **Gelb** bis hin zu **Rot** und **Schwarz** reichen. Ihre **charakteristischen weißen Streifen** machen sie leicht erkennbar. ***Hauptteil*** *Aussehen*

Anemonenfische **leben in Korallenriffen und Lagunen**. Hier bieten die Seeanemonen den Fischen **Schutz vor Raubtieren**. Im Gegenzug **entfernen die Fische** bei den Anemonen **Parasiten** und **führen** ihnen **Nährstoffe** zu. Diese gegenseitige Beziehung nennt man **Symbiose**. *Lebensweise*

Anemonenfische sind bekannt für ihr **Sozialverhalten**. Sie leben in kleinen Gruppen, die von **dominanten Weibchen** angeführt werden. Wenn das Weibchen stirbt, wandelt sich das **größte Männchen** in ein Weibchen um. Es übernimmt dann die Führung. *Verhalten*

Anemonenfische ernähren sich hauptsächlich von **Zooplankton, Algen und kleinen Krebstieren**. Sie sind **Allesfresser** und nutzen die Nähe von Anemonen auch, um sich von vorbeischwimmenden Beutetieren zu ernähren. *Nahrung*

Der Animationsfilm **„Findet Nemo“** hat vor vielen Jahren den kleinen orangefarbenen Fisch berühmt gemacht. Seitdem wird er massenhaft aus dem Meer gefischt und ist bis heute einer der weltweit **beliebtesten Aquarienfische**. ***Schlussteil***

Seite 58 **3**

	richtig	falsch
Der Anemonenfisch hat seine Heimat im Mittelmeer.		X
Korallen und Lagunen bieten dem Anemonenfisch Schutz vor Raubtieren.	X	
Anemonenfische leben in keiner Symbiose mit Seeanemonen.		X
Männliche Anemonenfische führen die kleinen Gruppen an.		X

Seite 58/59
4, 5

1 Auf dem Bild ist ein sogenannter „Blobfisch" zu erkennen. Es handelt sich bei diesem Tier um einen Tiefseefisch, welcher in einer Tiefe von 600 bis 2800 m im Südwestpazifik und im Nordpazifik vorkommt. Der Name „Blobfisch" kommt aus dem Englischen und bedeutet „Tropfen" oder „Klecks". So sieht der Fisch nämlich aus, wenn er gefangen wird und aus der Tiefsee an die Oberfläche befördert wird.

2 Der Blobfisch wird in zwei Unterarten eingeteilt, die mit zoologischen Namen Psychrolutes marcidus und Psychrolutes phrictus heißen. Der Letztgenannte ist der größere Fisch und wird bis zu 70 cm lang und 9,5 kg schwer. Es ist die Unterart, welche Stacheln auf dem Rücken trägt. Der Psychrolutes marcidus, der im Südwestpazifik zu Hause ist, ist mit 30 cm Körperlänge deutlich kleiner und hat keine Stacheln.

3 Das Aussehen des Blobfisches ist an seinen Lebensraum angepasst. Er lebt am Meeresboden, wo es immer dunkel ist und ein hoher Wasserdruck herrscht. In dieser Umgebung sieht der Fisch anders aus als an Land, wo sein Körper aufquillt und die Farbe verändert. Unter Wasser hat der Blobfisch einen breiten, grauen Körper, der nach hinten spitz zuläuft. Bei den weißen, punktförmigen Stellen überall am Körper handelt es sich um Stacheln. Die Rückenflosse beginnt am Ende seines großen Kopfes und endet am Schwanzansatz. Hinter den Kiemen beginnen die Seitenflossen. Sie sind hellgrau und von vielen Falten durchzogen. Der Kopf des Blobfisches ist breit und flach und die dunklen Augen stehen weit auseinander.

4 Der Körper eines Blobfisches besteht aus einer glibberigen Masse, die die gleiche Dichte wie das Wasser um sie herum hat. Die Tiere haben keine Muskeln und auch keine Schwimmblase. Dennoch sind sie in der Lage, ohne eigene Anstrengung auf dem Meeresboden zu „schweben". Der Blobfisch wartet darauf, dass Beutetiere wie Krebstiere, Weichtiere, Seeigel und Seefedern in sein Maul schwimmen. Da er keine Zähne hat, schluckt er die Beute im Ganzen hinunter.

5 Die Besonderheiten des Tieres sind vor allem durch seinen Lebensraum in der Tiefe der Meere zu erklären. Sie werden von Menschen nicht als Speisefisch gegessen, aber manchmal geraten sie als Beifang durch Schleppnetze an die Oberfläche. Dann quellen die Tiere durch den abnehmenden Druck sehr stark auf, sodass man ihre Körperform nicht mehr erkennen kann und ihre Haut rosa wirkt. Das erklärt auch, warum dieser interessante Fisch im Jahr 2013 zum „hässlichsten Tier der Welt" gewählt wurde.

Fachbegriffe:
treffende Adjektive: ______
abwechslungsreiche Verben: ~~~~~

Das Alpaka – Einen Tier-Pass anlegen

Seite 60/61

1, 2

Das Fell der Alpakas (F)

Das Fell der Alpakas ist besonders **dicht und weich**. Die Haare sind **innen hohl**. Deswegen hält es die Alpakas in der **Kälte besonders warm** und hilft ihnen bei **Hitze**, **nicht** zu **schwitzen**. Aus den Alpakahaaren kann man auch Wolle machen, die sehr weich ist und gut warm hält. Viele Menschen halten Alpakas wegen ihrer **Wolle**.

Vorkommen der Alpakas in Deutschland (C)

In Deutschland findet man Alpakas in **Zoos**. Viele leben aber auch auf **Höfen**, wo die Tiere in **Herden** gehalten werden. Manchmal bieten die Verantwortlichen für Kinder oder Interessierte **Wanderungen** mit Alpakas an. Auch wird die Wolle der Tiere z. B. für Socken, Decken, Mützen usw. oder die Herstellung von Seifen genutzt.

Das Verhalten von Alpakas (B)

Trotz ihres weichen Fells sind Alpakas **keine Kuscheltiere**. Im Gegenteil – sie sind **Fluchttiere**. Kommt man ihnen zu nah, weichen sie meistens ein paar Schritte zurück. Doch auch Alpakas haben unterschiedliche **Persönlichkeiten**. Manche sind scheu, andere mögen es, gestreichelt zu werden. Deswegen gibt es auch Alpakas, die gerne auf Menschen zugehen und sich freuen, wenn sie Besuch auf ihrer Weide bekommen.

Verwandte und Herkunft der Alpakas (E)

Alpakas gehören, wie ihre nahen Verwandten, die **Lamas**, zu den **Neuweltkameliden**. Entfernte Verwandte sind die **Trampeltiere** und **Dromedare**.
Ihre ursprüngliche Heimat liegt in **Südamerika**, in der Region der **Anden**. Das ist ein Gebirge, das sich durch die Länder Peru, Bolivien und Chile zieht. Dort oben in den **Bergen** leben die Alpakas in großen **Herden** und haben sich mit ihrem **dicken Fell** perfekt an das harte und kalte Klima angepasst.

Die Nahrung der Alpakas (A)

Alpakas sind reine **Pflanzenfresser**. In ihrer Heimat weiden sie das karge Gras der Anden. Werden sie bei uns gehalten, fressen sie im Sommer am besten nur **Gras** und etwas **Heu**, im Winter fast ausschließlich Heu. Nur Zuchtstuten und Jungtiere bekommen etwas Kraftfutter. Auf keinen Fall darf man die Tiere überfüttern, da sie sonst krank werden. Selbstverständlich muss den Tieren ständig **frisches Wasser** zur Verfügung stehen. Damit sie genug **Mineralstoffe** bekommen, sollten Alpakas immer einen **Mineralleckstein** oder **Salzleckstein** haben. An dem können die Tiere lecken und so genügend Mineralien aufnehmen.

Das Aussehen der Alpakas (D)

Alpakas haben **lange Beine** und einen **langen Hals**. Wie alle Neuweltkamele besitzen sie aber **keine Höcker**. Bis zum Rücken gemessen sind erwachsene Alpakas zwischen **80 und 100 Zentimeter hoch** und wiegen etwa **65 bis 80 Kilogramm**. Damit sind sie im Durchschnitt deutlich kleiner und leichter als Lamas. Ihr **Fell** ist sehr **lang**, die Haare können bis zu 50 Zentimeter wachsen. Meist ist es **einfarbig braun**, **schwarz** oder **dunkelgrau**, manchmal auch **apricotfarben**. Einige Tiere sind sogar **gescheckt**. Ihre **Kopfform** ist **dreieckig**, die **Ohren** sind **gerade** und **speerförmig**. Die **Oberlippe** ist **gespalten** und zu einem **kleinen Greiforgan** ausgebildet, mit dem sie Gras und Blätter abrupfen können. Unter den **Hufen** besitzen sie ein **weiches Sohlenpolster**. Deshalb können sie an den steilsten Hängen weiden, ohne den Boden zu zerstören.

Seite 62 **3**

	richtig	falsch
Trampeltiere und Dromedare sind entfernte Verwandte der Alpakas.	X	
Alpakas stammen ursprünglich aus Nordamerika.		X
Alpakas sind Kuscheltiere.		X
Alpakas wiegen etwa 25 bis 30 kg.		X
Alpakas sind Pflanzenfresser.	X	
Alpakas leben in Herden.	X	
Die Haare der Alpakas sind hart und borstig.		X

Seite 62 **4**

Tier-Pass	
Tierart	▪ Alpaka ▪ nahe Verwandte der Lamas, gehören zu den Neuwelt-kameliden. Entfernte Verwandte sind die Trampeltiere und Dromedare.
Vorkommen	▪ ursprünglich in Südamerika, Anden ▪ mittlerweile auch in vielen anderen Teilen der Welt; in Deutschland leben sie oft in Zoos oder auf Höfen (Alpakawanderungen, Alpakawolle)
Allgemeine Merkmale: Größe, Gewicht	▪ bis zum Rücken gemessen sind erwachsene Alpakas zwischen 80 und 100 Zentimeter hoch ▪ wiegen etwa 65 bis 80 Kilogramm
Aussehen (in sinnvoller Reihenfolge, z. B. von Kopf bis Fuß oder vom Allgemeinen zum Besonderen)	▪ lange Beine, langer Hals, keine Höcker ▪ langes Fell, die Haare können bis zu 50 Zentimeter wachsen ▪ einfarbig braunes Fell, schwarz oder dunkelgrau, manchmal auch apricotfarben, manchmal gescheckt ▪ dreieckige Kopfform ▪ gerade und speerförmige Ohren ▪ gespaltene und zu einem kleinen Greiforgan ausgebildete Oberlippe
Lebensweise	▪ in bergigen Regionen ▪ an steilen Hängen ▪ in großen Herden
Verhalten	▪ Fluchttiere, Herdentiere
Nahrung	▪ reine Pflanzenfresser ▪ Gras und Heu ▪ frisches Wasser ▪ Mineralien
Besonderheit(en)	▪ besonderes Fell: innen hohl, sorgt für Wärme im Winter und Hitzeschutz im Sommer, viele Menschen halten Alpakas wegen ihrer Wolle ▪ Fluchttiere; eher scheu

Seite 63 **5**

	Korrekturvorschlag
Der Körper sieht so aus: lange Beine, langer Rücken und ein langer Hals. Außerdem spitze Schnauze und spitze Ohren.	Der Körperbau der Alpakas zeichnet sich durch langgestreckte Beine und einen langen, dünnen Hals aus. Auf dem Rücken tragen Alpakas keinen Höcker. Auf ihrem charakteristischen dreieckigen Kopf sitzen speerförmige, gerade Ohren.
Menschen mögen Alpakas gerne. Sie verwenden ihre warme Wolle z. B. für Mützen. Aber ob die Tiere die Menschen auch mögen? Ich vermute nein, denn sie sind Fluchttiere, aber die Menschen wollen immer mit ihnen spazieren gehen oder sie streicheln.	Alpakas sind auch in Deutschland beliebt. Viele Menschen halten sie z. B. wegen ihrer Wolle oder bieten Wanderungen mit den Tieren an. Dabei ist es jedoch wichtig zu beachten, dass Alpakas Fluchttiere sind, denen man sich vorsichtig nähern muss.

Seite 63 **6** **Beispiellösung:**

Alpakas

Das abgebildete Tier ist ein Alpaka. Alpakas gehören, wie ihre nahen Verwandten, die Lamas, zu den Neuweltkameliden und sind entfernte Verwandte der Trampeltiere und Dromedare. Alpakas stammen aus Südamerika, im Besonderen aus den Anden. Das ist ein Gebirge, das sich durch die Länder Peru, Bolivien und Chile zieht. Mittlerweile leben auch in Deutschland viele Alpakas in Zoos oder auf Höfen, die z. B. Alpaka-Wanderungen durchführen oder Produkte aus der Wolle der Tiere anbieten. Anders als manche Menschen denken, sind Alpakas aber keine Kuscheltiere.

Der Körperbau der Alpakas zeichnet sich durch lange Beine und einen langen Hals aus. Wie alle Neuweltkamele hat das Alpaka keine Höcker. Der Rücken der Alpakas kann bis zu 80 und 100 Zentimeter hoch werden. Die Tiere wiegen zwischen 65 und 80 Kilogramm. Damit sind sie im Durchschnitt deutlich kleiner und leichter als Lamas, ihre nahen Verwandten. Generell kann das Fell der Tiere bis zu 50 cm lang werden und ist meist einfarbig braun, schwarz oder dunkelgrau, manchmal auch apricotfarben, selten gescheckt. Das Alpaka auf dem Bild ist zweifarbig. Hals, Rücken und Körper sind weitgehend hellbraun, die Brust ist weiß. Auch an den Innenseiten der Beine, auf der Nase und über dem rechten Auge kann man weiße Fellflecken erkennen. Das Alpaka hat eine typische dreieckige Kopfform mit geraden und speerförmigen Ohren. Wie bei allen Alpakas ist auch bei dem Alpaka auf dem Bild die Oberlippe gespalten. Die gespaltene Oberlippe, die zu einem kleinen Greiforgan ausgebildet ist, nutzt das Alpaka, um Gras und Blätter abrupfen zu können. Die Hufe der Alpakas haben ein weiches Sohlenpolster, sodass die Tiere auf sehr unterschiedlichen Böden und an steilen Hängen weiden können.

In ihrer ursprünglichen Heimat, den Anden, leben die Alpakas in großer Höhe in Herden und haben sich mit ihrem dicken Fell perfekt an das harte und kalte Klima der Berge angepasst. Sie sind Fluchttiere und häufig scheu.

Alpakas sind reine Pflanzenfresser. Sie ernähren sich von Gras und Heu. Sie benötigen frisches Wasser.

Das Fell der Alpakas ist besonders. Da es innen hohl ist, sorgt es dafür, dass die Tiere im Winter vor Kälte geschützt sind und im Sommer nicht schwitzen. Die Tiere können mithilfe ihres Fells die Temperatur regulieren. Bei dem abgebildeten Alpaka kann man deutlich erkennen, dass das Fell flauschig ist.

Über ein Ereignis berichten

Seite 66 **1**

W-Frage	Antwort
Was geschah?	Ausflug auf einen Bauernhof mit verschiedenen Angeboten
Wer war beteiligt?	Klasse 5a
Wo ereignete es sich?	Bauernhof in der Nähe von Braunschweig
Wann ereignete es sich?	In der letzten Woche vor den Sommerferien
Wie geschah es? Wie war der Verlauf?	▪ Klassenlehrerin schlug den Ausflug vor und organisierte den Ablauf. ▪ Auslosung der Gruppen ▪ Alpaka-Wanderung für Sibel ▪ Erlebnis mit den besonderen Tieren (Spaziergang, Rücksichtnahme, streicheln) ▪ unterschiedliche Erlebnisse in den Gruppen, gemeinsamer Abschluss (Picknick)
Welche Folgen ergaben sich? Was war das Ergebnis des Geschehens?	Alle hatten einen schönen Tag.

Seite 66 **2**

	W-Fragen
Einleitung	Was geschah? Wer war beteiligt? Wo ereignete es sich? Wann ereignete es sich?
Hauptteil	Wie geschah es? Wie war der Verlauf?
Schlussteil	Welche Folgen ergaben sich? Was war das Ergebnis des Geschehens?

Seite 67 **3** In der letzten Schulwoche vor den Sommerferien fuhr unsere Klasse 5a auf den Bauernhof von Lina und Matias in der Nähe von Braunschweig. Dort verlebten wir einen ereignisreichen Tag, den unsere Lehrerin sehr gut vorbereitet hatte.

Seite 67 **4** Alle wichtigen Informationen werden sachlich und kurz dargestellt.

Seite 67 **5**
- Die Klasse 5a unterwegs
- Ein Alpaka an der Leine
- Die Alpaka-Wanderung
- Der Bauernhof – ein Erlebnis

Seite 67 **6** **Beispiellösung:**

Die Klasse 5a unterwegs

In der letzten Schulwoche vor den Sommerferien fuhr unsere Klasse auf den Bauernhof von Lina und Matias in der Nähe von Braunschweig. Dort verlebten wir einen ereignisreichen Tag, den unsere Lehrerin sehr gut vorbereitet hatte.
In unterschiedlichen Gruppen, die wir vorher in der Schule ausgelost hatten, durften wir den Bauernhof kennenlernen, erkunden und tatkräftig mit anfassen. Einige halfen beim Melken, andere fütterten die Kälbchen, manche kümmerten sich um die Kaninchen, erkundeten das Hanf-Labyrinth, führten Alpakas spazieren oder bereiteten das große Abschluss-Picknick vor, bei dem es viele leckere, selbst gemachte Speisen gab.
Die Alpaka-Wanderung war ein besonderes Erlebnis. Die hübschen, aber scheuen Tiere

ließen sich mit viel Geduld und Rücksichtnahme von uns über die Wiesen des Bauernhofs führen. Damit wir wussten, wie wir richtig mit den Tieren umzugehen hatten, erhielten wir von den Besitzern genaue Anweisungen.
Nachdem alle eine tolle Zeit in ihren Gruppen erlebt hatten, trafen wir uns zu einem gemeinsamen Abschluss-Picknick, bei dem wir den anderen von unseren Erlebnissen und Eindrücken erzählten. Das war für alle ein wirklich toller Tag!

Seite 67 7 Individuelle Lösungen der Schülerinnen und Schüler

Satzglieder als Bausteine des Satzes

Seite 69/70 1, 2 Es sind verschiedene Umstellmöglichkeiten denkbar, z. B.:

a) In der Schulmensa essen viele Kinder **mittags** *Nudeln mit Tomatensoße*.

b) Viele Kinder essen in der Schulmensa **mittags** *Nudeln mit Tomatensoße*.

c) *Nudeln mit Tomatensoße* essen viele Kinder **mittags** in der Schulmensa.

d) Viele Kinder essen *Nudeln mit Tomatensoße* **mittags** in der Schulmensa.

e) *Nudeln mit Tomatensoße* essen **mittags** in der Schulmensa viele Kinder.

f) **Mittags** essen viele Kinder in der Schulmensa *Nudeln mit Tomatensoße*.

g) **Mittags** essen viele Kinder *Nudeln mit Tomatensoße* in der Schulmensa.

Seite 70 3 An der **zweiten** Satzgliedstelle steht immer „essen“. Dies ist das Prädikat, das durch die Wortart „Verb“ gebildet wird.

Seite 70 4

Die Schulleiterin	**begrüßt**	**die Fünftklässler.**
Der Biologieraum	hat	eine Tür zum Schulgarten.
Im Kunstraum	sind	viele Waschbecken.
Auf dem Schulhof	stehen	unterschiedliche Spielgeräte.
In der Pausenhalle	hängen	bunte Plakate.
In der Aula	steht	ein großer Flügel.

Seite 70 5

a) In der Klasse 5e wechselt der Ordnungsdienst **jeden Montag**. = 4 Satzglieder

b) Zeynep und Alan haben in der Klasse 5c **seit Schulbeginn** *den Schlüsseldienst*. = 5 Satzglieder

c) Herr Müller unterrichtet in der Klasse 5b *das Fach Erdkunde*. = 4 Satzglieder

d) Die Klassenräume der Jahrgangsstufe 5 sind im Obergeschoss der Schule. = 3 Satzglieder

e) Alle Kinder der Klasse 5a spielen *ein Instrument*. = 3 Satzglieder

Das Prädikat

Seite 71 **1**

b) In Schweden gehen alle Kinder neun Jahre zur Schule.
c) In der Regel verbringen die schwedischen Kinder vor der Einschulung ein Jahr lang in einer Vorschule.
d) Die Vorschule ist häufig ein Teil des Schulgebäudes der Grundschule.
e) Die Grundschule umfasst als Einheitsschule eine Unter-, eine Mittel- und eine Oberstufe.
f) Die Schulpflicht endet nach neun Schuljahren.
g) Ein Schultag dauert meistens sieben Stunden.

Seite 72 **2**

Sommer in Schweden

Am 21. Juni feiern die Schweden den längsten Tag des Jahres mit dem Mittsommerfest. An diesem Tag tanzen Kinder und Erwachsene um Mittsommerbäume, die mit Blättern und Blumen geschmückt sind. Traditionell isst man an Mittsommer eingelegten Hering oder Fleischbällchen mit Frühkartoffeln. Erdbeeren sind ein beliebter Nachtisch. Weil die Sonne nie ganz untergeht, ist es gar nicht schwer, lang zu feiern.
Die Sommerferien in Schweden sind sehr lang. Während der warmen Sommermonate verbringen viele Familien ihre Ferienzeit in einem Ferienhaus am Meer oder an einem See. Die Kinder baden im Wasser oder spielen am Strand oder im Wald. Viele Kinder fahren auch in ein Ferienlager. In Schweden darf man überall zelten oder in der freien Natur übernachten, Beeren oder Pilze sammeln, Blumen pflücken oder ohne besondere Erlaubnis fischen.
Auch wenn schwedische Kinder gerne draußen sind, spielen sie wie alle Kinder am Computer, schauen Serien oder schreiben ihren Freundinnen und Freunden.

Seite 73 **1**

☐ b) Schwedische Schülerinnen und Schüler lernen früh selbstständiges Arbeiten.

☐ c) Gemeinsam mit ihren Lehrerinnen und Lehrern entwickeln die Kinder zu Beginn jeder Woche einen Arbeitsplan.

☒ d) In dem Arbeitsplan werden die Inhalte vermerkt.

☒ e) Die Kinder sollen den Plan in ihrem eigenen Tempo bearbeiten.

☐ f) Die Kinder entscheiden über die Arbeitsform – z. B. Einzelarbeit oder Gruppenarbeit.

☒ g) In den Schulen wird ein freundlicher Umgangston gepflegt.

☒ h) Die Lehrerinnen und Lehrer werden häufig geduzt.

☒ i) Das Schulleben findet auch an der frischen Luft statt.

Seite 74 **2**

b) Astrid Lindgren **hat** viele Kinderbücher **geschrieben**.

c) Viele Verlage **haben** ihre berühmten Kinderbücher in viele Sprachen **übersetzt**.

d) Die Geschichten von Pippi Langstrumpf **hat** sie erst ihrer Tochter **erzählt**.

Erst danach **hat** sie die Geschichten **aufgeschrieben**.

e) Weil die Erzählungen von Astrid Lindgren so viele Kinder begeisterten,

haben Regisseure diese Geschichten **verfilmt** oder **haben** sie als Hörspiel **vertont**.

f) Astrid Lindgren **hat** viele Preise **erhalten**.

g) Durch ihre Auftritte **konnte** sich die Autorin für Kinderrechte **einsetzen**.

h) Durch ihre Geschichten **werden** Kinder **ermutigt**, an sich zu glauben und mutig zu sein.

Das Subjekt

Seite 75 **1**

b) Die Schülervertretung organisiert eine Unterstufenparty.
Wer oder was organisiert eine Unterstufenparty?
c) Die Klassenpaten führen die Fünftklässler durch die Schule.
Wer oder was führt die Fünftklässler durch die Schule?
d) Am besten kennt sich die Hausmeisterin im Schulgebäude aus.
Wer oder was kennt sich am besten im Schulgebäude aus?

Seite 76 **2**

a) Die Sporthalle liegt neben dem Schulhof.
b) Man darf die Halle aus Sicherheitsgründen nur in Begleitung eines Sportlehrers oder einer Sportlehrerin betreten.
c) Mithilfe von Trennwänden kann die große Halle in drei Teile unterteilt werden.
d) Von der Decke können Basketballkörbe elektrisch heruntergefahren werden.
e) Das große Trampolin kann nur im Team aufgebaut werden.
f) Zum ca. einen Kilometer entfernten Sportplatz müssen alle Klassen zu Fuß gehen.

Seite 76 **1**

b) Ab der sechsten Klasse bekommen Kinder in Schweden Noten.
3. Person Plural
c) Die Noten gibt es von A bis F.
3. Person Singular
d) Die beste Note ist A.
3. Person Singular
e) Die Schülerinnen und Schüler essen in der Schule zu Mittag.
3. Person Plural
f) Das neue Schuljahr beginnt Mitte bis Ende August.
3. Person Singular

Seite 77 **2** **Der Wandertag**

Der Wandertag der Schule ist in der ersten Juliwoche geplant. Die Vorbereitungen finden bereits in allen Klassen statt. Die Jahrgangsstufe 7 gestaltet z. B. einen Ausflug nach Dortmund in das Deutsche Fußballmuseum. Die Jahrgangsstufe 8 möchte den Kletterpark besuchen. Die Kinder der Jahrgangsstufe 5 folgen dem Ratschlag der Klassenpaten. Sie möchten ein Freilichtmuseum kennenlernen. Die Lehrerinnen und Lehrer danken den Kindern für ihre kreativen Ideen. Nach der Planungsphase gibt die Schule den Eltern genauere Informationen zum Ablauf des Wandertages. Der Schulleiter wünscht der Schulgemeinde einen fröhlichen und ereignisreichen Tag.

Die Objekte

Das Akkusativobjekt

Seite 78 **1**

Die Klasse 5b plant	ihr Klassenfest.
Die Kinder besprechen mit ihrer Lehrerin	ihre Ideen.
Eltern spenden	Kuchen und Getränke.
Eine Gruppe der Kinder schmückt	den Raum.
Eine andere Gruppe erledigt	den Einkauf der Süßigkeiten.
Alle genießen	den schönen Tag.

Seite 78 **2** Wen oder was besprechen die Kinder mit ihrer Lehrerin? → ihre Ideen
Wen oder was spenden die Eltern? → Kuchen und Getränke
Wen oder was schmückt eine Gruppe der Kinder? → den Raum
Wen oder was erledigt eine andere Gruppe? → den Einkauf der Süßigkeiten
Wen oder was genießen alle? → den schönen Tag

Das Dativobjekt

Seite 79 **1**
a) Die Klassenlehrerin gibt den Paten den Schlüssel zur Vorbereitung des Raums.
b) Fünf Kinder helfen den Paten.
c) Den Klassensprechern wird die Dekoration des Raums übertragen
d) Die Klasse schickt auch der Hausmeisterin eine Einladung für das Klassenfest.
e) Die Klasse dankt der Lehrerin für ihre Mühe mit einem Blumenstrauß.

Seite 79 **2**
b) Die Klasse dankt der Hausmeisterin für ihre Hilfe. **Wem dankt sie?**
c) Die Eltern folgen ihren Kindern für die Vorführung auf den Schulhof. **Wem folgen die Eltern?**
d) Das Bühnenbild gefällt den Eltern sehr. **Wem gefällt das Bühnenbild?**
e) Der Schulleiter hat der Klasse bei den Vorbereitungen geholfen. **Wem hat der Schulleiter geholfen?**
f) Er gratuliert ihnen zu ihrem Erfolg. **Wem gratuliert er?**

Das Genitivobjekt

Seite 80 **1**
b) Viele beschuldigten ihn des Würstchendiebstahls.
c) Die Lehrerin überführte den Hund des Diebstahls auf frischer Tat.
d) Es bedarf nun einer guten Idee, wie man die Würstchen besser schützen kann.
e) Jedoch klagte niemand den niedlichen Hund des Diebstahls an.

Seite 81 **2** b) Viele beschuldigten ihn des Würstchendiebstahls.
Wessen beschuldigten ihn viele? → des Würstchendiebstahls

c) Die Lehrerin überführte den Hund des Diebstahls auf frischer Tat.
Wessen überführte die Lehrerin den Hund auf frischer Tat? → des Diebstahls

d) Es bedarf nun einer guten Idee, wie man die Würstchen besser schützen kann.
Wessen bedarf es nun? → einer guten Idee

e) Jedoch klagte niemand den niedlichen Hund des Diebstahls an.
Wessen klagte man den niedlichen Hund nicht an? → des Diebstahls

Das Präpositionalobjekt

Seite 81 **1**
b) Eis besteht aus Wasser.
c) Wir sprechen über die Klassenfahrt.
d) Die Kinder warten auf den Bus.
e) Die Klasse diskutiert über ein Projekt.
f) Die Eltern kümmern sich um den Kuchen für das Klassenfest.
g) Die Schüler freuen sich auf die Ferien.
h) Die Kinder träumen von einem Schulhund.

Seite 82 **2** **Beispiellösungen:**
- Die Kinder der Klasse 5b diskutieren über die Klassenregeln.
- Die Lehrerinnen und Lehrer freuen sich über den Einsatz ihrer Klassen.
- Die SV denkt an den Verkauf der Schokoweihnachtsmänner zur Nikolausaktion.

Adverbiale Bestimmungen

Seite 83/84 **1, 2** **Karneval in der Schule**

Jedes Jahr feiern wir in unserer Schule Karneval. Am frühen Morgen kommen alle Kinder fröhlich und bunt verkleidet in die Schule. Mit großer Vorfreude betreten sie die geschmückten Klassenzimmer. Überall hängen Luftschlangen und bunte Girlanden. Während des Vormittags gibt es viele Spiele und Wettbewerbe. Mit viel Begeisterung nehmen die Kinder daran teil. In der Turnhalle findet ein Kostümwettbewerb statt, bei dem die besten Verkleidungen ausgezeichnet werden. Wegen des großen Buffets müssen viele Tische in die Pausenhalle getragen werden. Später tanzen die Kinder fröhlich und ausgelassen zu lauter Musik. Zum Abschluss des Tages gibt es eine große Polonaise durch die gesamte Schule.

adverbiale Bestimmung der Zeit	adverbiale Bestimmung des Ortes	adverbiale Bestimmung des Grundes	adverbiale Bestimmung der Art und Weise
am frühen Morgen (wann?)	in unserer Schule (wo?)	wegen des großen Buffets (warum?)	mit großer Vorfreude (wie?)
während des Vormittags (wann?)	überall (wo?)		mit viel Begeisterung (wie?)
	in der Turnhalle (wo?)		fröhlich und ausgelassen (wie?)
	durch die gesamte Schule (wo?)		

Seite 84 **3** b) Wir treffen uns im Schwimmbad.
Wo treffen wir uns? Im Schwimmbad = adv. Bestimmung d. Ortes

c) Der Schulchor singt laut.
Wie singt der Schulchor? Laut = adv. Bestimmung d. Art und Weise

d) Jelena trägt wegen ihrer Halsschmerzen einen Schal.
Warum trägt Jelena einen Schal? Wegen ihrer Halsschmerzen = adv. Bestimmung d. Grundes

e) Der Hund verbuddelt blitzschnell seinen Knochen im Blumenbeet.
Wie verbuddelt der Hund seinen Knochen im Blumenbeet? Blitzschnell = adv. Bestimmung d. Art und Weise
Wo verbuddelt der Hund blitzschnell seinen Knochen?
Im Blumenbeet = adv. Bestimmung d. Ortes

Gedichte untersuchen und gestalten

Gedichte wahrnehmen

Robert Reinick: Der Schneemann auf der Straße

Seite 86 **1** Die Stimmung in dem Gedicht ist grundsätzlich positiv und fröhlich. Der Schneemann hat trotz des schlechten Wetters einen festen Stand. Wenn die Sonne sich zeigt, kann er so schnell verschwinden, dass ihm niemand folgen kann.

Seite 86 **2** **Mögliche Lösung:**
„rührt sich nicht vom Flecke“ (V. 5)
„stürmt und schneit“ (V. 6)
„Stumm“ (V. 7)
„kalten Winterszeit“ (V. 8)
„Sonnenschein“ (V. 10)

Seite 86 **3** Der Schneemann schmilzt im Sonnenschein. Das ist ein natürlicher Prozess, den niemand stoppen kann. Die Menschen freuen sich, dass die Sonne scheint, daher vermisst ihn niemand. Sie haben also gar kein Bedürfnis, ihn „einzuholen“.

Gedichte haben eine Form

Vers, Strophe und Reim

Seite 87 **1** hoffnungsvoll, unbeschwert, leicht, positiv, heiter, gelassen, freudig

Seite 88 **2** a) 4 Strophen
b) 4 Verse pro Strophe
c) Reimordnung: Kreuzreim (abab)

Metrum

Seite 89 2 Regelmäßiger Wechsel von betonten und unbetonten Silben:

Der schöne Sommer ging von hinnen,
x x́ x x́ x x́ x x́ x

Der Herbst, der reiche, zog ins Land.
x x́ x x́ x x́ x x́

Nun weben all die guten Spinnen
x x́ x x́ x x́ x x́ x

So manches feine Festgewand.
x x́ x x́ x x́ x x́

Die Sprache von Gedichten entschlüsseln

Seite 90 1

	Vergleich	Personifikation
„Der schöne Sommer ging von hinnen," (V. 1)		x
„Der Herbst, der reiche, zog ins Land." (V. 2)		x

Seite 90 2 **Beispiellösung:**
Der Sommer wirkt auf mich müde. Seine Zeit ist um und er muss gehen. Der Herbst wirkt auf mich fröhlich, energiegeladen und kraftvoll. Er hat etwas Magisches an sich, die Natur entwickelt sich ganz neu.

Seite 90 3 **Beispiellösung:**
- Die Luft riecht wie feuchtes Gras.
- Der Herbst schmeckt wie Pflaumenkuchen.
- Der Herbstwind fühlt sich leicht wie Federn an.
- Die Blätter am Baum leuchten bunt wie ein Feuerwerk.

Seite 91 4 Festgewand (V. 4), allerliebste Elfenschleier (V. 7), tausend Silberfäden (V. 9)
Wirkung: Die Spinnweben werden wie Schmuck beschrieben. Sie sind besonders, verzieren die Natur und haben eine positive Wirkung.

Ein Gedicht selbst gestalten

Seite 91 1 **Beispiellösung:**
In dem Gedicht „Regenschirme" lässt sich eine positive Grundstimmung erkennen. Die schönen Seiten des Regens werden in den Versen besonders anschaulich beschrieben.

Seite 91 2 **Beispiellösung:**
„Bunt gestreifte, bunt gefleckte" (V. 4, V. 10)
„bunt getupfte, bunt gescheckte" (V. 5, V. 11)
„schweben" (V. 8)

Seite 92 **3** **b) Beispiellösung:**

Blumen sprießen wie *ein bunter Regenbogen.*
Die Sonne strahlt wie *ein goldener Ball.*
Vögel singen wie *fröhliche Musiker.*
Das Gras wächst wie *ein grüner Teppich.*
Die Schmetterlinge tanzen wie *bunte Blätter im Wind.*

c) Beispiellösung:

Frühlingsgedicht
Der Frühling naht wie ein sanfter Hauch,
Er weckt die Welt aus dem Winterschlaf.
Die Blumen sprießen wie ein bunter Regenbogen,
Und die Sonne strahlt wie ein goldener Ball am Himmel.

Die Vögel singen wie fröhliche Musiker.
Ihre Lieder erfüllen die Luft.
Das Gras wächst wie ein grüner Teppich.
Die Schmetterlinge tanzen wie bunte Blätter im Wind.

Die Textsorte „Märchen“ untersuchen

Das Hörverstehen trainieren – Fragen zu einem Märchen beantworten

Brüder Grimm: Die Bremer Stadtmusikanten

Seite 94 **1**

Textaussagen	richtig	falsch
~~Der Esel wird von seinem Herrn für eine Aufgabe nach Bremen geschickt.~~ Der Esel ist weggelaufen.		x
Der Hund soll totgeschlagen werden, weil er alt und schwach ist.	x	
Der zuverlässige Hahn soll gegessen werden.	x	
~~Die drei Tiere wollen in einem Wald übernachten.~~ Die vier Tiere wollen in einem Wald übernachten.		x
Die Tiere wollen die Räuber mit einer List aus ihrem Haus vertreiben.	x	

Seite 95 **2** Die Tiere stellen sich so übereinander, dass sie groß und bedrohlich wirken. Sie musizieren dazu alle gleichzeitig. Es wird sehr laut und die Räuber denken, dass die vier Tiere ein Gespenst darstellen.

Seite 95 **3** „Ach, in dem Haus sitzt eine **hässliche** Hexe, die hat mich angehaucht und mir mit ihren **langen** Fingern das Gesicht verkratzt. Und vor der Tür steht ein Mann mit einem Messer, der hat mich ins Bein gestochen. Und auf dem Hof liegt ein **schwarzes** Ungetüm, das hat mit einer Holzkeule auf mich losgeschlagen.“

Brüder Grimm: Tischlein deck dich!

Seite 96 **1**

Textaussagen	**richtig**	**falsch**	**nicht im Text**
~~Der Schneider hat drei Söhne und zwei Ziegen.~~ Der Schneider hat drei Söhne und eine Ziege.		x	
~~Die Mutter ist traurig, weil der Vater die Söhne fortschickt.~~			x
Der Vater erkennt, dass die Ziege unehrlich ist und er seine Söhne zu Unrecht verstoßen hat.	x		
~~Die drei Söhne erlernen den Beruf des Zimmermanns.~~ Die drei Söhne erlernen alle einen Handwerksberuf.		x	
~~Der Gastwirt bestiehlt alle drei Brüder.~~ Der Gastwirt bestiehlt zwei Brüder. Beim dritten gelingt es ihm nicht.		x	

Seite 96 **2**

a) Der erste Sohn erhält einen Tisch, der sich auf das Kommando „Tischlein deck dich!" mit zahlreichen Speisen und Getränken immer wieder selbst füllen kann.
Der zweite Sohn bekommt einen Esel, der auf das Kommando „Bricklebrit!" Gold speien kann.
Der dritte Sohn wird mit einem Sack, in dem sich ein Knüppel befindet, belohnt. Der Knüppel reagiert auf das Kommando „Knüppel aus dem Sack!" und bestraft Menschen, die unehrlich sind. Durch das Kommando „Knüppel in den Sack!" kann er wieder zurückgerufen werden.

b) Die ersten beiden Brüder werden im Gasthaus von dem Wirt bestohlen. Sie bemerken den Diebstahl erst spät, da der Gastwirt Tisch und Esel jeweils nachts ausgetauscht hat.

c) Der jüngste Bruder weiß, dass der Wirt unehrlich ist. Er spielt ihm vor, dass sich in seinem Sack Edelsteine befinden würden, sodass der Wirt nicht widerstehen kann und den Sack stehlen will. Darauf hat der Jüngste gewartet und befiehlt dem Knüppel, aus dem Sack zu kommen und den Wirt zu bestrafen, bis dieser um Gnade bittet und Tisch und Goldesel zurückgibt.

Den Aufbau eines Märchens untersuchen und Märchenmerkmale erkennen

Seite 97 **1**

Beispiellösung:
Frosch, Kugel, Prinzessin, König, verwunschener Prinz

Seite 100 **3**

Aussage	**richtig**	**falsch**
~~Der Name der jüngsten Königstochter wird genannt.~~ Der Name der jüngsten Königstochter wird nicht genannt.		x
~~Das liebste Spiel des Königskindes war es, einen gelben Ball hochzuwerfen und aufzufangen.~~ Das liebste Spiel des Königskindes war es, eine goldene Kugel hochzuwerfen und aufzufangen.		x

Aussage	richtig	falsch
Die Königstochter versprach dem Frosch, als Gegenleistung für das Heraufholen der Kugel seine Spielkameradin und Freundin zu sein.	x	
Der König fordert seine Tochter dazu auf, zu ihrem Wort zu stehen.	x	
~~Die Königstochter teilt gerne ihr Bett und ihr Essen mit dem Frosch.~~ Die Königstochter teilt nicht gerne Bett und Essen, da sie sich vor dem Frosch ekelt.		x
~~Der prachtvolle Wagen des jungen Königs wird von sechs weißen Pferden gezogen.~~ Der prachtvolle Wagen wird von acht weißen Pferden gezogen.		x

Seite 101 **4** Man muss denjenigen, der einem in einer Notsituation geholfen hat, wertschätzen und achten. Man darf ihn nicht belügen und muss zu seinem Wort stehen.

Seite 101 **5** Märchenanfang: Z. 1 – 9
Märchenhandlung: Z. 10 – 83
Märchenschluss: Z. 84 – 108

Seite 101 **6**

Märchenanfang		Märchenhandlung		Märchenschluss	
Notsituation	x	Prüfung	x	Bestrafung des Bösen	
Krankheit		Kampf		Belohnung des Guten	x
Armut		Abenteuer		Belehrung des Bösen	
Ungerechtigkeit		Gefangenschaft		offenes Ende	

Seite 102 **7**

Märchenmerkmal	Beispiel aus dem Text mit Zeilenangabe
formelhafte Wendungen	In den alten Zeiten, wo das Wünschen noch geholfen hat, lebte ein König, dessen Töchter waren alle schön. (Z. 1 f.) „Königstochter, jüngste, mach mir auf“ (Z. 49f., 61f., Z. 65f.)
magische Zahlen	Dreimal ruft der Frosch (Z. 14, 49f., Z. 61 f.) Drei eiserne Bande (Z. 92f.) Beim Zerbrechen der Ringe um das Herz von Heinrich kracht es dreimal (Z. 97 ff.)
Märchenfiguren	Frosch (Z. 15), Prinzessin (Z. 6), König (Z. 1), Hexe (Z. 86), Königssohn (Z. 84), treuer Diener (Z. 90)
zauberhafte Gegenstände und Lebewesen	Frosch (Z. 15)
wundersame oder übernatürliche Ereignisse	verwunschener Prinz (Z. 54ff.); sprechender Frosch (Z. 15ff.); Frosch, der sich in einen Prinzen verwandelte, nachdem er an die Wand geworfen wurde (Z. 81 ff.)
unbestimmte Orte	Wald (Z. 4), Rand des kühlen Brunnens (Z. 7), Schloss (Z. 4)
unbestimmte Zeit	In den alten Zeiten, wo das Wünschen noch geholfen hat (Z. 1)

Seite 102 **8** **Königstochter:** z. B. egoistisch, gemein, rücksichtslos, hartherzig
Frosch: z. B. hilfsbereit, hilfsbedürftig, ehrlich, ausdauernd
König: z. B. weise, gerecht, steht zu seinem Wort

Ein Märchen weiterschreiben

Lösungsvorschläge

Seite 103 **1** Anfang/Ausgangssituation: Der jüngste Sohn erbt einen sprechenden Kater und ist mit seinem Erbe unglücklich.

Seite 103 **2** Märchengestalten und Hauptfigur: sprechender Kater und der jüngste Sohn (Hauptfigur)

Seite 104 **3** Besondere Eigenschaften der Märchengestalten:
Der Kater kann sprechen und zaubern, er ist eigentlich ein Mann, der von einem bösen Zauberer in einen Kater verwandelt wurde. Der jüngste Sohn ist liebenswert, bescheiden, mutig und ehrlich.

Seite 104 **4** Besondere Aufgaben und mögliche Gefahren: Der jüngste Müllerssohn muss bei Vollmond ein besonderes Kraut aus einem See mit gefährlichen Schlingpflanzen ernten, er muss die Rinde eines nur unter Gefahren zu erreichenden Baumes herbeibringen und einen seltenen Käfer aus einer Höhle holen.
Als Belohnung erhält er für die erste Aufgabe ein weiches Bett in einer Scheune und für die zweite Aufgabe eine eigene Mühle. Für die dritte Aufgabe will er keine Belohnung und schafft es so, den Kater vom Fluch des Zauberers zu befreien.

Seite 105 **5** märchenhafte Gegenstände: magisches Kraut, Rinde eines besonderen Baumes, seltener Käfer

Seite 105 **6** märchenhafte Zahlen: 3 Brüder; 3 Aufgaben, die der Müllerssohn erfüllen muss; Kater dreht sich sieben Mal herum; Reise von 12 Tagen

Seite 105 **7** Märchen- oder Zauberspruch: Der Kater sagt „Simsalabim“, wenn er einen Wunsch erfüllt, und er dreht sich sieben Mal im Kreis.

Seite 105 **8** Schluss/Lösung: Der Müllerssohn erlöst den Kater durch seine Bescheidenheit von einem bösen Zauber.

Seite 105 **9** Überschrift: Der sprechende Kater

Seite 106 **10** **Der sprechende Kater**
Als ein Müller starb, mussten sich seine drei Söhne die Erbschaft teilen. Der Älteste bekam die Mühle und der Zweite entschied sich für den Esel, der stets gut auf der Mühle gearbeitet hatte. So blieb für den dritten Sohn nur noch ein Kater übrig. Der Dritte war traurig und sprach zu sich selbst: „Mich hat es am schlimmsten getroffen, denn nun habe ich kein Zuhause mehr und ich weiß nicht, womit ich mein Geld verdienen kann. Was soll ich mit einem Kater anfangen? Den muss ich ja sogar noch füttern.“ „Hör!“, sagte da plötzlich der Kater, der offensichtlich sprechen konnte. „Früher habe ich deinem Vater geholfen. Nun stehe ich in deinem Dienst und kann dir einen Wunsch erfüllen!“ Der Müllerssohn war verblüfft und fragte den Kater, was er dafür fordere. „Du musst mir ein besonderes Kraut bringen, das nur bei Vollmond in einem See wächst. Wenn du diese Aufgabe für mich erledigt hast, erfülle ich dir deinen Wunsch.“ Der Müllerssohn zögerte kurz, machte sich dann aber aufgrund seiner verzweifelten Lage auf den langen Weg zu dem See. Nach einiger Zeit kam er zu dem Kater, der sich in der Nähe der Mühle aufgehalten hatte, zurück und übergab ihm das gewünschte Kraut, das er mit großer Mühe aus den gefährlichen Schlingpflanzen des Sees geschnitten hatte. Der Kater nahm das Kraut erfreut entgegen und fragte den Müllerssohn nach seinem

Wunsch. Dieser war nach der langen Reise so müde, dass er sich nichts sehnlicher wünschte als ein weiches Bett in einer warmen Scheune. Kaum war der Wunsch ausgesprochen, wirbelte sich der Kater siebenmal im Kreis herum, rief „Simsalabim“ und im nächsten Moment fand sich der Müllerssohn in einem weichen Bett wieder und schlief sofort ein. Als er erwachte, fand er den Kater am Fußende seines Bettes sitzend. Er bedankte sich bei dem Tier und fragte ihn, ob er ihm auch dabei helfen könne, Geld zu verdienen. Der Kater antwortete: „Das kann ich wohl, aber dafür musst auch du mir wieder helfen.“ Der Müllerssohn stimmte zu und fragte nach seiner Aufgabe. Der Kater trug ihm auf, die Rinde eines Baumes, der auf einem hohen Berg stand, zu bringen. Ohne Zögern machte sich der Jüngling auf den Weg. Er kämpfte sich durch schwere Stürme und gefährliche Flüsse, schaffte es aber schließlich, dem Kater die gewünschte Baumrinde zu bringen. Dieser nahm die Rinde zufrieden entgegen und war bereit, den zweiten Wunsch zu erfüllen. Der zuverlässige junge Mann wünschte sich eine kleine Mühle, um seinen Lebensunterhalt verdienen zu können. Wieder wirbelte sich der Kater siebenmal herum, wieder rief er „Simsalabim“ und schon stand die Mühle neben der Scheune bereit.

Nach einiger Zeit schlug der Kater dem jungen Müller vor, ihm wieder einen Wunsch zu erfüllen. Dieser antwortete jedoch: „Ich bin sehr zufrieden mit meinem Leben und habe keine Wünsche mehr.“ Der Kater war erstaunt und verzweifelt zugleich. Der Müllerssohn spürte dies und fragte ihn, wie er ihm helfen könne. Der Kater antwortete: „Ich brauche einen seltenen Käfer, der nur in einer entfernten Höhle zu finden ist.“ Ohne zu zögern, überließ der Müller dem Kater die Mühle und machte sich auf den Weg. Als der junge Mann nach zwölf Tagen wieder vor der Mühle stand und dem Kater den Käfer übergab, erkundigte sich dieser nach seinem Wunsch. Der Müllerssohn erwiderte darauf: „Ich habe keinen Wunsch.“ „Aber warum hast du mir geholfen?“, fragte der Kater ungläubig. „Du hast mir durch deine Taten ein zufriedenes Leben ermöglicht. Nun will ich dir helfen,“ antwortete der Sohn. Kaum war dies ausgesprochen, verwandelte sich der Kater, der Kraut, Baumrinde und Käfer vor sich ausgebreitet hatte, in einen Mann. Dieser wandte sich an den völlig verblüfften Müllerssohn und sagte: „Durch deine Treue und Bescheidenheit hast du meinen Fluch gebrochen. Vor vielen Jahren bin ich von einem bösen Zauberer verwandelt worden und stehe nun für immer in deiner Schuld.“

Seite 106 **11** Individuelle Lösungen der Schülerinnen und Schüler

Rechtschreibung üben

Rechtschreibstrategien anwenden

Genau zuhören und deutlich sprechen

Seite 108 **1**

d oder t?	b oder p?	g oder k?
Angebo**t**e	He**b**el	Wa**g**en
un**t**en	Rau**p**e	win**k**en
Rän**d**er	ka**p**utt	Schrän**k**e
Bo**t**e	hu**p**en	Län**g**e
Län**d**er	rau**b**en	bie**g**en
ra**t**en	re**p**arieren	Ber**g**e
Hun**d**e	lo**b**en	Ma**g**en

Seite 109 **2** blü-**h**en, Kü-**h**e, Schu-**h**e, Man-**t**el, Län-**d**er, Sie-**b**e, Ty-**p**en, Ber-**g**e, Ge-schen-**k**e

Die Schreibweise eines Wortes ableiten

Seite 109 **1**

der Wal**d** – die Wäl**d**er
der Schran**k** – die Schrän**k**e
das Lan**d** – die Län**d**er
das Ba**d** – die Bä**d**er
das Sie**b** – die Sie**b**e
der Ber**g** – die Ber**g**e
der Gan**g** – die Gän**g**e
der Or**t** – die Or**t**e
der Ta**g** – die Ta**g**e
das Ra**d** – die Rä**d**er
der Zwer**g** – die Zwer**g**e
die Ban**k** – die Bän**k**e

Seite 110 **2**

3. Person Singular Präsens	Infinitiv (Grundform)
er/sie/es hu**pt**	hu**p**en
er/sie/es bie**gt**	bie**g**en
er/sie/es hin**kt**	hin**k**en
er/sie/es trin**kt**	trin**k**en
er/sie/es lie**bt**, lie**gt**	lie**b**en, lie**g**en
Er/sie/es rä**t**	ra**t**en

Seite 110 **3**

al**t** – äl**t**er
winzi**g** – winzi**g**er
lusti**g** – lusti**g**er
flauschi**g** – flauschi**g**er
haari**g** – haari**g**er
geizi**g** – geizi**g**er
öli**g** – öli**g**er
run**d** – run**d**er
fes**t** – fes**t**er
knacki**g** – knacki**g**er
niedri**g** – niedri**g**er

Seite 110 **4**

wärmen: w**a**rm
erklären: kl**a**r, Kl**a**rheit
Ärmel: **A**rm
träumen: Tr**au**m
Gebäude: b**au**en, B**au**werk
gläubig: gl**au**ben, Gl**au**be
Häuptling: H**au**pt
Zäune: Z**au**n
gefährlich: Gef**a**hr
prächtig: Pr**a**cht, pr**a**chtvoll
Säugling: s**au**gen

Mit einem Wörterbuch arbeiten

Seite 111 **1** Es fehlen: C, H, O, V

Seite 111 **2** BCD, EFG, JKL, OPQ, TUV

Seite 111 **3** DEF, GHI, LMN, OPQ, UVW

Seite 111 **4**

- Norden, Osten, Süden, Westen
- Frühling, Herbst, Sommer, Winter
- Deutsch, Englisch, Geschichte, Sport
- Heft, Laptop, Lineal, Trinkflasche
- Gitarre, Klavier, Schlagzeug, Trompete

Seite 112 **5**

- **Ta**statur, **Ti**efsee, **To**n, **Tu**be
- **Wei**hnachten, **Wel**t, **Wer**k, **Wes**tfalen
- **Span**nung, **Spaz**iergang, **Spi**el, **Spo**rt

Seite 112 **6**

er liest: lesen
am größten: groß
Gärten: Garten
ihr gießt: gießen
kälter: kalt
sie verreist: verreisen
Läuse: Laus
sie schwimmt: schwimmen

Seite 112 **7**

Diese Schreibweisen sind richtig:
Theater, Geige, Fahrstunde, Geheimnis, meistens, Jagd, niesen, Physik, voraus, Margarine

Sich Merkwörter einprägen

Seite 113 **1**

waagerecht: schräg, Knäuel, vorwärts, rückwärts, Geländer
senkrecht: sägen, abwärts, Säule, Bär, Ähre

Seite 113 **2**

Ballett
Das Ballett, das Ballett, das Ballett
Ich gehe gerne zum Ballettunterricht.

Verwandtschaft
Die Verwandtschaft, die Verwandtschaft, die Verwandtschaft
verwandt
Ich habe eine große Verwandtschaft.

reparieren
Ich repariere, du reparierst, wir haben repariert
Reparatur
Ich repariere mein Fahrrad.
Gestern habe ich meinen Kaninchenkäfig repariert.

Seite 114 **3**

1. ein Herrscher oder Monarch in einigen Ländern: **Kaiser**
2. aus dieser Pflanze wird Popcorn gemacht: **Mais**
3. Teil eines Musikinstruments, der vibriert und dabei Töne erzeugt: **Saite**
4. fünfter Monat des Jahres: **Mai**
5. Fluss in Deutschland/Frankfurt am **Main**
6. Kind ohne Eltern: **Waise**
7. rund oder oval geformte Masse (bei Brot, Käse): **Laib**
8. Stadt in Italien, bekannt für Mode und Fußball: **Mailand**
9. großer Raubfisch im Meer: **Hai**

Wörter am Zeilenende trennen

Seite 115 **1**

Schule – tanzen – Eule – ~~Opa~~ – Klavier – ~~oder~~ – Angel – Beute – Sträucher – ~~Uhu~~ – Gebäck – ~~Acker~~ – waschen – Mandel – Mathematik

Seite 115 **2**

Schule
tanzen
Eule
Klavier
Angel
Beute
Sträucher
Gebäck
waschen
Mandel
Mathematik

Grammatisches Wissen nutzen

Seite 116 **1**

Nomen	Verben	Adjektive
der Himmel	gehen	rot
das Wasser	riechen	blau
der Sturz	teilen	langsam
der Name	bleiben	voll
der Dackel	bellen	klein

Seite 117 **2** **Wer ist der Urahne des Hundes?**

Bei keinem **H**austier finden sich so große **U**nterschiede wie beim **H**und. **A**uf internationalen **A**usstellungen wird uns die **V**ielfalt besonders bewusst. **S**o könnte man auch heute noch leicht auf den **G**edanken kommen, dass die **H**unde mehrere **S**tammväter haben. **F**rüher wurden beispielsweise **S**chakale wegen einiger körperlicher **M**erkmale und ihres sandfarbenen **F**ells als **V**orfahren der orientalischen **W**indhunde betrachtet. **D**ie **H**erkunft einiger anderer **H**underassen führte man auf **F**uchs, **K**ojote und **H**yäne zurück. **E**rst in unserer **Z**eit kamen **Z**oologen und **Z**oologinnen zu der **E**rkenntnis, dass es nur einen einzigen **U**rahnen des **H**undes gibt, den **W**olf.

Seite 117 **3** **Ameisen**

Ameisen sind Insekten und sie leben in Staaten zusammen**. S**ie sind Allesfresser**. E**s gibt weltweit sehr viele unterschiedliche Arten, allein in Europa unterscheidet man ca. 200 Arten**. D**ie Rote Waldameise zählt zu den bekanntesten Ameisenarten**.**

Seite 118 **1**

- Ich denke, **dass** die neue Lehrerin nett ist.
- Er vermutet, **dass** es morgen regnen könnte.
- Wir hoffen, **dass** wir bald wieder unsere Freunde sehen.
- Sie glauben, **dass** wir heute ein spannendes Spiel spielen.
- Du möchtest, **dass** wir am Wochenende ins Kino gehen.

(Auch andere Kombinationen sind möglich.)

Seite 119 **2**

b) Wasser, das zu lange kocht, verdunstet.
Wasser, welches zu lange kocht, verdunstet.
c) Ich esse das nicht gern.
Ich esse dies nicht gern.
d) Ein Auto, das kein Benzin hat, fährt nicht.
Ein Auto, welches kein Benzin hat, fährt nicht.
e) Wegen des schlechten Wetters fällt das Spiel aus.
Wegen des schlechten Wetters fällt dieses Spiel aus.

Seite 119 **3**

a) **Das** schöne Wetter lockt viele Menschen ins Freibad oder an einen See.
b) Manche Menschen haben das Gefühl, **dass** das Hören von Musik die Konzentration fördert.
c) In der Buchhandlung war das Buch, **das** gerade erst erschienen war, schnell ausverkauft.
d) Alle Kinder freuen sich darüber, **dass** die Ferien beginnen.
e) **Das** Streicheln eines Hundes wirkt auf viele Menschen beruhigend.

Wörter mit kurz und lang gesprochenen Vokalen richtig schreiben

Seite 120 **1**

lang ausgesprochener Vokal	kurz ausgesprochener Vokal
er kam	der Kamm
der Ofen	offen
die Qual	die Qualle
lahm	das Lamm
die Speere	die Sperre
der Sohn	die Sonne
beten	die Betten
die Dame	der Damm

Seite 120 **2**

lang ausgesprochener Vokal	kurz ausgesprochener Vokal
sagen	Katze
sauber	bellen
Maus	Müll
böse	öffnen
Säge	muss
wohnen	können
	dann
	rennen

Die Schreibweise von Wörtern mit kurz gesprochenem Vokal

Seite 121 **1** Transportmittel, allerersten, zusammengebundenen, Baumstämmen, wasserdicht, schwammen, Paddeln

Seite 122 **2** **waagerecht:** kennen, Himmel, Lippe, Tonne, Gummi
senkrecht: krumm, Versammlung, Rinne, schlimm, alle

Seite 122 **3** Hier sind nur einige Wörter aufgeführt:
Ball, Blatt, Brille, dumm, drollig, füllen, Himmel, Gramm, jammern, Kelle, Klette, krumm, Lamm, Motte, Nüsse, Pelle, Riss, sammeln, Scholle, schlaff, Wille, Wolle, Zimmer

Seite 123 **1** Wecker, wackeln, Bäcker, eckig, lecken, Lack, packen, meckern, Stück, spucken, Trecker
Das Lösungswort lautet: Wackelpeter.

Seite 124 **2**

Mütze	Stütze, Pfütze
Hitze	Ritze, Schlitze, Spritze
Jacke	Hacke, Lacke, Macke
Nutzen	putzen, stutzen
Katze	Tatze, Glatze, schmatze
necken	schmecken, recken, lecken

Seite 124 **3** Holzwurm, Zimmerpflanze, Bankschalter, Fahrradlenker, Benzintank, Arztkoffer, Parkbank, Marktplatz, Parkplatz
(Es sind noch weitere Zusammensetzungen möglich.)

Die Schreibweise von Wörtern mit lang gesprochenem Vokal

Seite 125 **1** nämlich, Hose, nämlich, Segel, holen, rufen, Schule, leben, Sage, Vase, Töne, Hüte, Rasen, Lose, Tage, tragen, Ferien, loben

Seite 125 **2** **Die Eroberung des Weltalls**
Am 4. Oktober 1957 umkreiste zum ersten Mal ein Satellit die Erde. Warum ist dieses Datum so wichtig?
An diesem Tag begann die Eroberung des Weltalls. Zum ersten Mal verließ ein auf der Erde von Menschen hergestelltes Objekt unsere Atmosphäre. Es war der Sputnik, ein russischer Satellit.

Fünf Min**u**ten nach seinem Start begann der Sputnik, die Erde zu umkreisen, w**o**bei er einen lauten T**o**n von sich g**a**b, der auf der ganzen Erde geh**ö**rt werden konnte.
Einen M**o**nat sp**ä**ter wurde ein zweiter Sputnik gestartet, diesmal mit einer Hündin an Bord. Sie hieß Laika und w**a**r das erste L**e**bew**e**sen, das die Erde umkreiste.

Seite 126 **3** **waagerecht:** wir, Rosine, Gardine, Tiger, mir, Kamin
senkrecht: dir, Biber, Klima, Vampir, Medizin, Apfelsine

Seite 127 **4** Rosine, Bibel, Igel, Ruine, Margarine, Tiger, Ski, Musik, Krokodil, Benzin

Seite 127 **1** a) Klee, b) Schnee, c) Teer, d) Meer, e) Tee, f) Speer, g) Kaffee, h) Beere, i) leer

Seite 128 **2** Moor, Moos, Zoo, Boot, doof

Seite 128 **3** Moorhuhn, Aalsuppe, Teekanne, Zootiere, Gummiboot, Pulverschnee, Tanzsaal, Blaubeere, Haarspange, Meerenge, Moosbett, Speerwurf, Personenwaage, Seeungeheuer

Seite 128 **1**
a) Zahl: zählen, Zahlenschloss, Zahlstelle, gezählt
b) Wahl: wählen, Wahlurne, gewählt
c) Lehrer: lehren, Lehrerzimmer, gelehrt
d) fahren: er fährt, Fahrschule, Fahrrad
e) Höhle: aushöhlen, ausgehöhlt, Höhleneingang

Seite 129 **2** **Urlaub auf dem Bauernhof**
Lilli und Karla sind Geschwister. Sie besuchen oft ihre Oma, die in einem anderen Ort, in der Nähe eines Bauernhofs, **wohnt**. Dort sind vier Pferde, **zehn** Kühe und so viele **Hühner**, dass sie sie gar nicht **zählen** können! Den Kühen dürfen die beiden sogar **Nahrung** geben. In der Nähe des Bauernhofs haben sie auch schon **mehrere** Rehe im Wald gesehen. Es ist immer wieder ein Erlebnis, Oma und die Tiere zu besuchen.

Seite 129 **1** **Ziel** – **Dienstag** – Kind – **Spiegel** – **kriechen** – **Ziege** – sind – **Stiefel** – Pinsel – **lieben** – verbinden – sitzen – **Biene** – schimpfen – **Papier** – **Riese** – **Wiese** – Winter – **Fliege** – Gewitter – **riechen** – **kariert** – Birne – **Lied** – **schief** – **viel** –**Spiel**

Seite 130 **2** Reimpaare sind: Fliege – Ziege, kriechen – riechen, Spiel – Ziel, viel – Ziel, Riese – Wiese ...

Seite 130 **3**

Infinitiv	**1. Person Singular Präsens**	**1. Person Singular Präteritum**
laufen	ich laufe	ich lief
fallen	ich falle	ich fiel
heißen	ich heiße	ich hieß
beweisen	ich beweise	ich bewies
schreien	ich schreie	ich schrie
rufen	ich rufe	ich rief
halten	ich halte	ich hielt
bleiben	ich bleibe	ich blieb
treiben	ich treibe	ich trieb

s-Laute richtig schreiben

Seite 131 1 Tasse – Rose – fließen – messen – Hase – niesen – Lose – weiß – begossen – Haus – Masse – Straße – Blase – Fuß – heißen – küssen – lesen – reißen – Bremse – lassen – Gänse – Grüße – Reise – Pass – Eis – Kasse – Gläser – groß – Häschen – Klöße – gesummt

Seite 131 2

gesummter s-Laut	gezischter s-Laut		
s geschrieben	**s geschrieben**	**ß geschrieben**	**ss geschrieben**
Rose	Haus	fließen	Tasse
Hase	Eis	weiß	messen
niesen	Häschen	Straße	begossen
Lose		Fuß	Masse
Blase		heißen	küssen
lesen		reißen	lassen
Bremse		Grüße	Pass
Gänse		groß	Kasse
Reise		Klöße	
Gläser			
gesummt			

Der gesummte s-Laut: *s*

Seite 132 1

a) Die Katze schleicht auf der Suche nach Beute auf leisen Pfoten durch den Garten.
b) Der Staub kitzelt in der Nase.
c) Viele Kinder finden Rennmäuse niedlich.
d) Im Sommer muss der Rasen oft gemäht werden.
e) In den Pausen spielen die Kinder auf dem Schulhof.
f) Paul belegt seine Pizza mit besonders viel Käse.
g) Die Bremsen des Fahrrads müssen repariert werden.
h) Lotta sucht die Dose mit dem Hundefutter.
i) Feldhasen sind sehr scheu und häufig in der Dämmerung und nachts aktiv.

Seite 132 2

Hose	Lose, Dose
Riesen	niesen
lesen	Besen
brausen	sausen
Rose	Dose, Lose
Eisen	reisen
Hase	Nase
Läuse	Mäuse
leise	Meise

Seite 133 1

b) er liest: le**s**en, Le**s**ebuch
c) Glas: Glä**s**er, Gla**s**er, gla**s**ig
d) sie saust: sau**s**en, Sau**s**eschritt
e) ihr verreist: verrei**s**en, Rei**s**e
f) Preis: anprei**s**en, Prei**s**e
g) sie bewies: bewei**s**en, Bewei**s**e

Seite 133 2

Gru**ß**, Hau**s**, ich wei**ß**, Ei**s**, er blie**s**, Ga**s**, er bei**ß**t, ihr le**s**t, **S**pa**ß**, Lo**s**bude

Der gezischte s-Laut: *ss* und *ß*

Seite 134 1

Beispiele: Fass, Pass, bissig, Kuss, lassen, küssen, Fässer, fassen, Gasse, Kissen

Seite 134 2

fassen: das Fass
küssen: der Kuss
hassen: der Hass
passen: der Pass
kassieren: die Kasse, der Kassierer, die Kassiererin

Seite 135 3

lassen – fassen
wissen – Kissen
müssen – küssen
Tasse – Masse
Kuss – muss
Pass – Hass

Seite 135 1

sie schie**ß**t	das Flu**ss**ufer	geri**ss**en
der Spa**ß**	die Ta**ss**e	er lä**ss**t
er flie**ß**t	der Ha**ss**	die Fü**ß**e
das Wei**ß**brot	gego**ss**en	ein bi**ss**chen
das Bierfa**ss**	der Schlü**ss**el	ich hei**ß**e
gro**ß**		

Seite 135 2

a) Fluss: flie**ß**en – geflo**ss**en
b) vergessen: ich verga**ß** – verge**ss**lich
c) Schluss: abschlie**ß**en – abgeschlo**ss**en
d) lassen: ich lie**ß** – gela**ss**en
e) Schuss: sie schie**ß**t – sie hat gescho**ss**en
f) Biss: er bei**ß**t – bi**ss**ig
g) gießen: ich habe gego**ss**en – Gie**ß**kanne

Übungen zu unterschiedlichen Schwerpunkten der Rechtschreibung

Seite 136 1

Richtige Vampire

Richtige Vampire gi**b**t es im Reich der T**ie**re. Vampire gehören zur **F**amilie der Fledermäuse und leben vorrangig in Südamerika in Felsh**öh**len und hohlen B**äu**men. Die bis zu neun Zentimeter gro**ß**en Tiere verla**ss**en ihre Quartiere nur bei völliger **D**unkelheit und ern**äh**ren sich, genau wie die Vampire in Film und Fernsehen, vom Blu**t** ihrer Beute. Sie rei**ß**en mit scharfen Z**äh**nen einen kleinen Schni**tt** in die Haut und le**ck**en dann das Blut auf, das aus der Wunde fl**ieß**t. Meistens suchen sie sich Tiere als Opfer aus und nur extrem selten greifen sie M**e**nschen an. Der Bi**ss** eines Vampirs an sich ist nicht gef**äh**rlich, doch können dadurch Krankheiten übertragen werden.

Seite 136 **2** **Mit Weihnachtsstollen in die Flucht geschlagen**

Wurfgeschosse
Mit Weihnachtsstollen, die er als ~~Wurfgeschose~~ einsetzte, hat ein Kaufmann in Darm-
Räuber Flucht waren
stadt zwei ~~Reuber~~ in die ~~flucht~~ geschlagen. Nach Polizeiangaben ~~wahren~~ zwei maskierte
Männer erschienen bedrohten
~~Mäner~~ in dem Lebensmittelgeschäft ~~erschinen~~, ~~bedroten~~ den Geschäftsmann mit
Waffe Einnahmen
einer ~~Wafe~~ und forderten ihn zur Herausgabe der ~~einnahmen~~ auf. Der Ladenbesitzer
Aufforderung
kam dieser ~~aufforderung~~ aber nicht nach, sondern warf mit Weihnachtsstollen nach
süßen verließen
den Tätern. Die Männer wichen den ~~Süßen~~ Geschossen aus und ~~verlißen~~ fluchtartig
Geschäft
das ~~Gescheft~~.

mit diesen Inseln ist Dänemark das größte Land Europas. Ohne die Inseln ______________ es zu den kleineren Ländern. Dänemark ist ein sehr beliebtes Urlaubsland, da es über eine sehr lange Küste ______________, die über 7 000 Kilometer lang ist. An den vielen schönen Sandstränden können Erwachsene und Kinder baden, Sandburgen ______________, Drachen steigen lassen, im Meer ______________ oder Muscheln ______________ und Tiere ______________. Auch der Familienhund darf an vielen dänischen Stränden ______________.

2 Ergänze die folgende Tabelle und trage die Verben in der richtigen Personalform sowie die Infinitive ein. Markiere anschließend die Personalendungen mit einem farbigen Stift.

Singular		
Infinitiv		*spielen*
1. Person – ich *Man spricht von sich.*	*ich laufe*	
2. Person – du *Man spricht zu einer anderen Person.*		*du spielst*
3. Person – er/sie/es *Man spricht über eine andere Person.*		
Plural		
1. Person – wir *Man spricht von sich und anderen als Gruppe.*		
2. Person – ihr *Man spricht eine Gruppe an.*		*ihr spielt*
3. Person – sie *Man spricht über andere.*	*sie laufen*	

3 Die Personalformen der Verben ***sein*** und ***haben*** werden auf besondere Weise gebildet. Ergänze die folgenden Tabellen, indem du die fehlenden Formen einträgst.
Tipp: Präge dir diese Formen gut ein.

Infinitiv: sein		
	Singular	**Plural**
1. Person	ich __________	wir __________
2. Person	du *bist*	ihr *seid*
3. Person	er/sie/es __________	sie __________

Infinitiv: haben		
	Singular	**Plural**
1. Person	ich __________	wir __________
2. Person	du __________	ihr __________
3. Person	er/sie/es *hat*	sie *haben*

Die Tempusformen von Verben

Verben kann man in verschiedene Tempusformen (Zeitformen) setzen. Dadurch macht man deutlich, ob ein Geschehen in der Vergangenheit, Gegenwart oder Zukunft abläuft.

Verben im Präsens

Die Zeitform Präsens

Das **Präsens** bezeichnet etwas, das in der Gegenwart, in diesem Augenblick geschieht.
Beispiel: Louis und Nora korrigieren die Texte.

Es bezeichnet auch etwas, das **zu jeder Zeit gültig** ist.
Beispiel: Papageien plappern gerne.

1 Trage in den Text über Wanderdünen die richtigen Präsensformen ein. Die passenden Verben stehen im Infinitiv, also in der Grundform, in Klammern.

Wanderdünen

Wanderdünen ______________ (sein) große Berge aus Sand, die vom Wind bewegt werden. In Dänemark ______________ (geben) es besonders an der Nordseeküste solche Dünen. Eine der bekanntesten Wanderdünen ______________ (heißen) Råbjerg Mile, die in der Nähe von Skagen ______________ (liegen). Sie ______________ (bilden) die größte Wanderdüne in Nordeuropa und wandert jedes Jahr ca. 15 Meter weiter. Das ______________ (passieren), weil der starke Wind den Sand vor sich herschiebt. Es ______________ (leben) dort kaum Pflanzen, die den Sand festhalten könnten. Wanderdünen sehen beeindruckend aus und ______________ (zeigen) die Stärke der Natur, die die Landschaft immer wieder ______________ (verändern).

Die Wanderdüne Råbjerg Mile

Verben im Präteritum

Die Zeitform Präteritum

Mit dem **Präteritum** drückt man aus, dass etwas vergangen ist (z. B.: Es **geschah** am frühen Morgen.). Das **Präteritum** findet man vor allem in schriftlichen Erzählungen.

Die Formen des **Präteritums** werden auf zwei Arten gebildet:
Entweder verändert sich der **ganze Wortstamm** (z. B.: fallen – fiel = **starke** Veränderung) oder es ändert sich nur die **Wortendung** (z. B.: schimmern – schimmerte = **schwache** Veränderung).
Entsprechend ihrer unterschiedlichen Bildung teilt man die Verben in **starke** und **schwache** Verben ein.

1 Suche im Text alle Verben im Präteritum und unterstreiche sie wie im Beispiel.

Wikinger

Wikinger lebten im Mittelalter im heutigen Norwegen, Schweden und Dänemark. Sie bauten Schiffe und handelten mit Waren. Einige Wikinger überfielen aber auch Schiffe, Städte und Dörfer rund um die Nord- und Ostsee. Über große Flüsse wie den Rhein erreichten sie sogar das Landesinnere und gelangten so auch in Städte wie Köln oder Trier. Wikinger waren Seefahrer und Krieger, aber auch Händler und Bauern. Da die Raubzüge der Wikinger oft grausam waren, fürchtete man sie in vielen Ländern. Die Wikinger fuhren aufgrund ihrer seetauglichen Langschiffe, die einen sehr flachen Boden hatten, auch in seichte Gewässer und landeten sogar direkt am Strand.
In Wikingerdörfern, wie z. B. im dänischen Ribe, erfährt man viel über das Leben dieser Seefahrer und kann sich auf eine Zeitreise begeben. Die Wikinger faszinieren uns auch heute noch. Vermutlich wird man sich auch noch in Zukunft an diese gefürchteten Seefahrer erinnern.

Wikinger-Festival in Dänemark

2 Schreibe die Verben anschließend heraus und ergänze den passenden Infinitiv.

lebten – leben

3 Ordne die Verben aus dem Wortspeicher dem passenden Tempus zu. Trage sie dazu in den entsprechenden Wasserball ein.

las ▪ wünschen ▪ sitze ▪ rannten ▪ springst ▪ schwammen ▪ erzählten ▪ fangen ▪ sah ▪ beobachtet ▪ tauchte ▪ flogen ▪ tranken ▪ laufen ▪ singst ▪ hüpfen

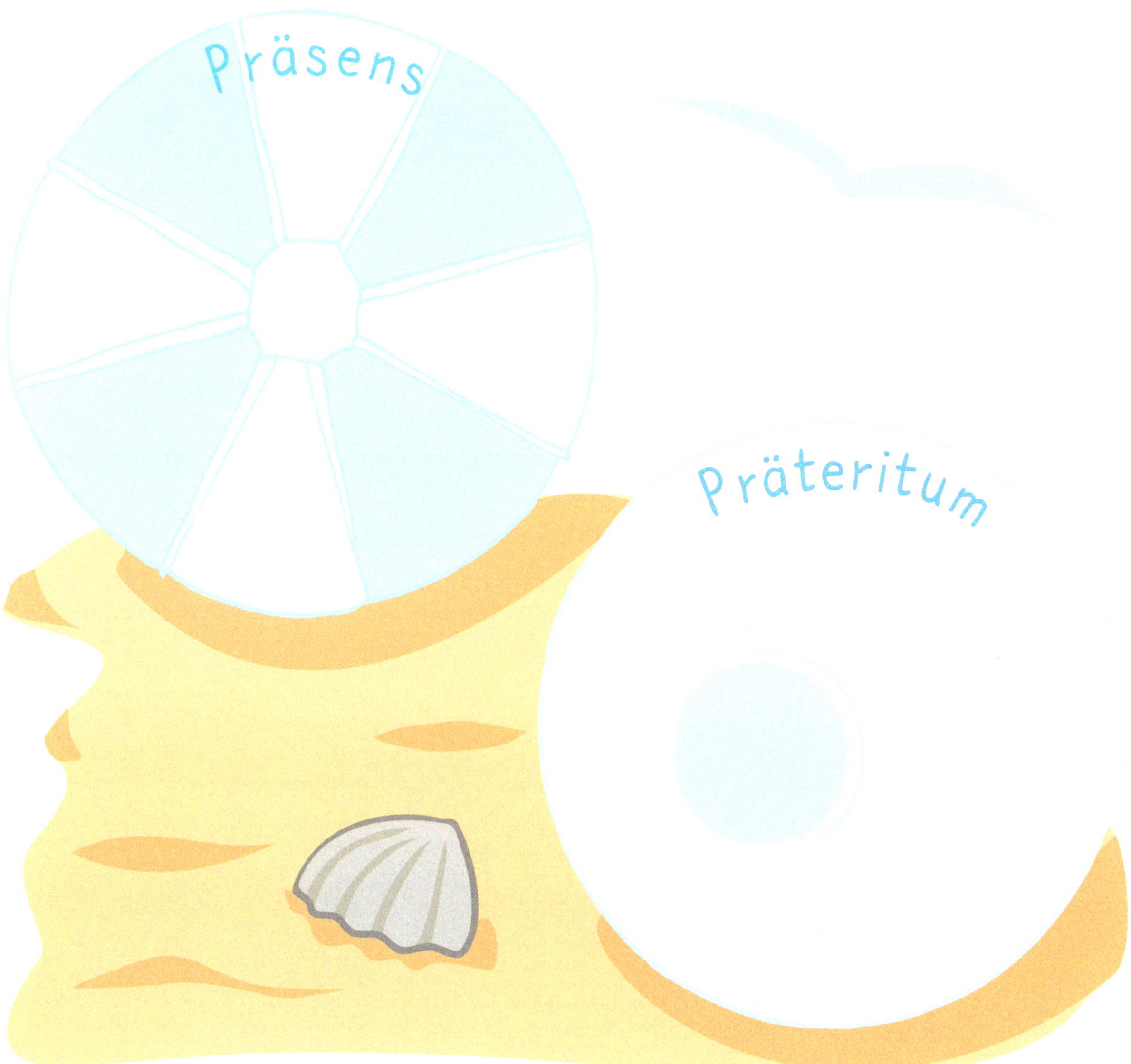

4 Bilde die Präteritumform der folgenden Verben. Bestimme anschließend, ob das Verb stark oder schwach gebildet wird.

Verb im Infinitiv	**tragen**	**fliegen**	**sagen**	**graben**	**legen**	**rufen**
Präteritum 3. Pers. Sing. (er/sie/es)	*trug*					
stark	*X*					
schwach						

5 In dem folgenden Text sind einige starke Verben falsch gebildet worden. Streiche diese durch und schreibe die richtige Form darüber.

Mein erster Inseltag

Morgens stehte ich früh auf, um den ersten Tag zu genießen. Der Himmel war noch sehr wolkig. Ich waschte mich, ziehte mich an, putzte meine Zähne und gehte ohne Frühstück direkt zum Strand. Dort beobachtete ich die Fischer, die auf ihren Booten auf das Meer hinausfahrten. Anschließend sammelte ich Muscheln und fandete auch einen Seestern. Die kleinen Krebse werfte ich zurück ins Meer. Danach kehrte ich in unsere Ferienwohnung zurück. Der Frühstückstisch war bereits gedeckt und die frischen Brötchen dufteten lecker. Unser Hund liegte faul vor dem Sofa. Während wir frühstückten, klarte der Himmel auf und die Sonne scheinte. Das war ein toller Start in unseren Inselurlaub.

Verben im Perfekt

Die Zeitform Perfekt

Das **Perfekt** drückt aus, dass ein vergangenes Geschehen noch in die Gegenwart hineinreicht und auf den Sprecher oder die Sprecherin bzw. den Schreiber oder die Schreiberin wirkt.
Das Perfekt wird häufig beim **mündlichen Erzählen** verwendet und wird mit einer Personalform der **Hilfsverben *haben*** oder ***sein*** im **Präsens** und einer bestimmten Form des Verbs gebildet, die man **Partizip II** nennt.

Beispiele: Der kleine Kolibri ist (Hilfsverb im Präs.) in die Höhle geflogen (Partizip II).

Louis und Nora haben (Hilfsverb im Präs.) dem kleinen Kolibri geholfen (Partizip II).

Hilfsverben
Die Verben ***sein*** und ***haben*** werden in diesen Fällen als **Hilfsverben** bezeichnet, weil sie dabei helfen, die Verbform zu bilden.
Die **meisten Verben** bilden das **Perfekt** mit dem Hilfsverb ***haben***.
Einige Verben können das **Perfekt** mit dem **Hilfsverb *sein*** bilden. Oft drücken sie eine Bewegung aus.

1 Trage in die folgenden Sätze die Perfektformen ein. Die passenden Verben im Infinitiv (Grundform) stehen in Klammern.

a) Luca *ist* beim Fahrradausflug in die Dünen *gestürzt* und ________ sich dabei das Knie ________________. (stürzen, aufschlagen)

b) Gestern Morgen ________________ viele Kinder ins kalte Wasser ________________. (springen)

c) Der Seehund ________________ sich auf der Sandbank ________________. (ausruhen)

d) Die Schulklasse ____________ am Nachmittag eine Wattwanderung ________________ und anschließend ________________ die Kinder an der Strandpromenade ein Eis ________________. (unternehmen, essen)

e) Die Strandbesucher ________________ den Surfern ________________, die den starken Wind ________________. (zuschauen, nutzen)

2 Wähle fünf Verben aus dem Wortspeicher aus und bilde damit Sätze im Perfekt über einen Tag am Strand.

schwimmen ▪ lesen ▪ spielen ▪ sammeln ▪ tauchen ▪ bauen ▪ lachen ▪ liegen ▪ hören ▪ suchen ▪ beobachten

Verben im Plusquamperfekt

Die Zeitform Plusquamperfekt

Will man ausdrücken, dass ein vergangenes Geschehen noch vor einem ebenfalls vergangenen Geschehen liegt, verwendet man die Tempusform (Zeitform) **Plusquamperfekt**.
Das **Plusquamperfekt** wird aus einer **Präteritumform** von ***haben*** oder ***sein*** und dem **Partizip II** gebildet.

Beispiele:
Louis machte sich auf den Weg, um seine Aufgabe zu meistern.
Zuvor hatte er sich mit Nora abgesprochen.
Hilfsverb im Präteritum (hatte) – Partizip II (abgesprochen)

Nora betrat die Höhle.
Zuvor war sie mit Louis und Aven dorthin gelaufen.
Hilfsverb im Präteritum (war) – Partizip II (gelaufen)

1 Unterstreiche in den folgenden Sätzen die Formen des Plusquamperfekts. Kennzeichne dabei das Hilfsverb mit einer einfachen Linie und das Partizip mit einer doppelten Linie.

a) Paula und Emil hatten mit ihren Eltern einen Urlaub an der Ostsee geplant.

b) Sie hatten eine Ferienwohnung gemietet.

c) Am Strand hatten sie viele Muscheln gesammelt und hatten dabei auch einige Fossilien gefunden.

d) Die Fossilien waren entstanden, weil Sand oder Schlamm ein Tier oder eine Pflanze eingeschlossen hatten. Über viele, viele Jahre war das Material hart wie Stein geworden.

Versteinerte Seeigel

2 In den folgenden Sätzen geht es um ein vergangenes Geschehen, das vor einem ebenfalls vergangenen Geschehen liegt.
Entscheide, ob die Verben in den Sätzen im Plusquamperfekt oder im Präteritum verwendet werden müssen. Setze die richtigen Tempusformen ein. Die Verben stehen im Infinitiv, also in der Grundform, dahinter.

a) Nachdem Mona die Postkarte an ihre Oma ____________________

____________________, ____________________ sie

diese direkt zum Briefkasten. (schreiben, bringen)

b) Ben ____________ gut ____________________,

bevor er an den Strand ________________. (frühstücken, gehen)

c) Die Urlauber ____________________ bereits sicher mit der

Fähre im Hafen ____________________, als der

Sturm ____________________. (ankommen, beginnen)

d) Die Möwe ______________________ einen Keks, den sie einem Kind zuvor am Strand ________________________________. (fressen, stehlen)

e) Die Kinder __________________________ gemeinsam einen Drachen __________________________, den sie dann am Strand ________________________________. (basteln, ausprobieren)

3 Ergänze die folgende Tabelle und trage die Verben in der richtigen Tempusform ein.

Infinitiv: springen			
Singular			
	Perfekt	Präteritum	Plusquamperfekt
1. Person	ich bin gesprungen		
2. Person			
3. Person		er/sie/es sprang	
Plural			
1. Person			
2. Person			
3. Person			sie waren gesprungen

Infinitiv: sehen			
Singular			
	Perfekt	Präteritum	Plusquamperfekt
1. Person			
2. Person			
3. Person			
Plural			
1. Person			
2. Person			
3. Person			

Das Verb im Futur I und Futur II

Die Zeitform Futur I

Das **Futur I** drückt aus, dass ein Geschehen in der Zukunft abläuft. Es wird mit einer Form des Hilfsverbs ***werden*** und dem **Infinitiv** eines Verbs gebildet.

Beispiel: Am Ende wirst du dich über die Ergebnisse freuen.

Personalform von *werden* — Infinitiv eines Verbs

1 Plane deine kommenden Sommerferien. Erste Ideen kannst du auf den Fotos finden. Schreibe mindestens drei Pläne im Futur I auf. Unterstreiche die Personalform von *werden* und markiere den Infinitiv mit einer gepunkteten Linie.

In meinen Sommerferien werde ich lange schlafen.

Die Zeitform Futur II

Das **Futur II** drückt ein abgeschlossenes Geschehen in der Zukunft aus. Es wird mit einer Personalform von ***werden***, dem **Partizip II** eines Verbs und dem Infinitiv des Hilfsverbs ***sein*** oder ***haben*** gebildet.

Beispiel: Ich werde (Personalform von *werden*) gelesen (Partizip II) haben (Infinitiv des Hilfsverbs).

1 Entscheide, ob in den folgenden Sätzen das Futur I oder das Futur II verwendet wird. Kreuze die Sätze an, in denen das Futur II verwendet wird.

- ☐ a) Morgen wird es Regen geben.
- ☐ b) Der Seeadler wird sein Nest bald gebaut haben.
- ☐ c) Wir werden die Inselrallye morgen hoffentlich gewonnen haben.
- ☐ d) Die Muscheln werden den Restaurantbesuchern bestimmt gut schmecken.
- ☐ e) Der Leuchtturm wird seinen Dienst nächste Woche nach der Reparatur wieder aufnehmen.
- ☐ f) Das Museum wird seine neue Ausstellung im Mai eröffnet haben.

2 Unterstreiche in den Sätzen, in denen du das Futur II erkannt hast, die Personalform von *werden* mit einem Strich, das Partizip II doppelt sowie den Infinitiv des Hilfsverbs mit einer gepunkteten Linie.

Beispiel: *Futur II: Nächste Woche wird die Fähre viele neue Urlauber auf die Insel gebracht haben.*

Adjektive

Adjektive

- Adjektive **kennzeichnen** ein Lebewesen, ein Ding oder einen Vorgang **genauer**.
  Beispiele: Das ist der alte Mann. Die Lehrerin ist sehr freundlich.
- Adjektive werden **kleingeschrieben**.
- Als Begleiter eines Nomens **verändern sich** Adjektive zusammen mit diesem Nomen.
  Beispiel: Das ist das Haus des alten Mannes.

1 Markiere in dem folgenden Text alle Adjektive.

Seesterne

Legt man sich einen lebendigen Seestern auf die Hand, nutzt dieser seine Saugnäpfe, um sich festzusaugen. Aufgrund der starken Saugnäpfe kann man ihn nur mit Mühe wieder von der Handfläche lösen. Die Saugwirkung ist so stark, dass der Seestern mit seinen kleinen Saugnäpfen sogar Miesmuscheln öffnen kann. Seesterne sind hübsch anzusehen. Sie faszinieren durch ihre orange-rote bis violette Farbe. Auf der Unterseite sind sie etwas heller. Seesterne haben einen scheibenförmigen Körper mit mehreren Armen. Die Oberseite besitzt kleine Stacheln, an der Unterseite sind viele Reihen kleiner Saugfüßchen vorhanden. Die Mundöffnung befindet sich an der Unterseite des Körpers und ist über einen kurzen Schlund mit der Magenöffnung verbunden. Seesterne haben weder ein Herz noch ein Gehirn, verfügen aber über ein Nerven- und Wassergefäßsystem, das den ganzen Körper des Seesterns durchzieht. Seesterne leben meistens an felsigen und steinigen Küsten.

2 Setze in den folgenden Text die fehlenden Adjektive in der richtigen Form ein. Du findest sie in ihrer Grundform im Wortspeicher.

Seehunde

Seehunde werden in den Monaten Juni und Juli auf einer ______________ Sandbank im Wattenmeer geboren. Wenn die Wehen einsetzen, sucht das Muttertier einen ______________ Ort. Seehunde kommen in einer besonders ______________ Geburt zur Welt. Der ______________ Seehund muss schwimmen können, bevor das Hochwasser den Liegeplatz der Seehunde erreicht hat. Diese Fähigkeit ist Seehunden angeboren. Junge Seehunde stoßen ihr ______________ und ______________ Fell bereits im Mutterleib ab und werden mit einem glatten Fell geboren. Die von der Geburt ______________ Muttertiere ruhen sich nach der anstrengenden Geburt aus und säugen zugleich ihr ______________ Junges. Die reichhaltige und ______________ Muttermilch führt zu einer schnellen Kräftigung der Seehundjungen. Es ist wichtig, dass die Seehunde in dieser Zeit nicht durch ______________ Wassersportler oder ______________ Touristen gestört werden.

leichtsinnig ▪ erschöpft ▪ einsam ▪ weich ▪ fettig ▪ schnell ▪ jung ▪ abgelegen ▪ neugierig ▪ wasserdurchlässig ▪ hungrig

Die Steigerung von Adjektiven

- Die meisten Adjektive kann man **steigern**. Man unterscheidet zwischen der Grundstufe (**Positiv**, z. B. alt), der Vergleichsstufe (**Komparativ**, z. B. älter) und der Höchststufe (**Superlativ**, z. B. am ältesten).
- Mit Adjektiven kann man **Vergleiche** anstellen.
  Beispiel: Der Mann ist älter als die Frau.

1 Vergleiche die Tiere auf dem Bild miteinander. Verwende dazu die Steigerungsformen der Adjektive.
- Du kannst dabei die Adjektive aus dem Wortspeicher über dem Bild nutzen.
- Stelle mindestens vier Vergleiche an und schreibe sie in dein Heft.
- Kennzeichne die Adjektive und ihre Steigerungsformen anschließend durch Unterstreichen.

Beispiel: *Die Qualle ist klein, der Seestern ist kleiner, die Muschel ist am kleinsten.*

schön ▪ langsam ▪ dünn ▪ groß ▪ auffällig ▪ klein ▪ dick ▪ angsteinflößend ▪ schnell ▪ niedlich ▪ hässlich

Pronomen

Personalpronomen

Personalpronomen

Personalpronomen sind Fürwörter. Sie vertreten ein Nomen und stehen also anstelle eines Nomens. Personalpronomen passen sich an den Kasus (grammatischen Fall), Numerus (Anzahl) und das Genus (Geschlecht) des Nomens an, das sie vertreten.

Beispiele: **Odysseus** musste das Schiff steuern. – **Er** musste das Schiff steuern.
Die Männer folgten **Odysseus**. – Die Männer folgten **ihm**.
Der Zyklop kämpfte gegen **Odysseus**. – Der Zyklop kämpfte gegen **ihn**.

1 Schreibe die folgenden Sätze neu auf. Ersetze dabei die unterstrichenen Nomen und ihre Begleiter jeweils durch ein passendes Personalpronomen.

a) Die Klasse besucht das Museum.

Sie besucht es.

b) Das Fischerboot liegt im Hafen.

______

c) Die Muscheln werden von den Kindern gesammelt.

______

d) Delfine leben in Gruppen, den sogenannten Schulen.

______

e) Der Seeteufel ist ein Fisch, der auf dem Meeresgrund lebt.

______

f) Viele Menschen machen gerne auf einer Insel Urlaub .

______

g) Viele Urlauber nutzen den Wind für Wassersport.

______

2 Beim Gebrauch von Personalpronomen solltest du darauf achten, dass es nicht zu Missverständnissen kommt.
Verbessere die folgenden Sätze so, dass kein Missverständnis aufkommen kann. Dabei sind unterschiedliche Lösungen möglich. Du darfst Wörter verändern oder neu einsetzen.

Beispiel:
Mein Vater und meine Schwester beobachten **die Seehunde**. **Sie** liegen auf einer Sandbank.
Mein Vater und meine Schwester beobachten die Seehunde, die auf einer Sandbank liegen.
Oder:
Mein Vater und meine Schwester beobachten die Seehunde. Die Seehunde liegen auf einer Sandbank.

a) Die Kinder füttern Möwen am Strand. Sie kreischen dabei laut.

____

____

b) Strandkörbe sind bei Touristen sehr beliebt. Sie sind bequem und schützen vor Wind.

____

____

c) Viele Urlaubsgäste buchen eine Fahrt auf einem der Ausflugsboote. Sie legen direkt am Hafen ab.

____

____

3 Unterstreiche in dem folgenden Gespräch zwischen Rania und Titus alle Personalpronomen. **Tipp:** Es gibt 11 Personalpronomen.

Titus: Ich war in den Sommerferien auf Rügen. Wo warst du denn?
Rania: Meine Familie und ich waren in den Bergen in Südtirol.
Titus: Was kann man denn in den Bergen machen? War dir da nicht langweilig?
Rania: Nein, wir haben jeden Tag einen Ausflug gemacht, sind über steile Pfade gewandert und konnten dabei viele Tiere beobachten. An den Wanderwegen waren immer Hütten, in denen man sich stärken kann. Meine Schwester mochte am liebsten Marillenknödel, die eine sehr beliebte Süßspeise sind.
Titus: Das hört sich ja gut an. Ich bin viel in der Ostsee geschwommen. An zwei Tagen habe ich auch ein Stand-Up Paddle-Board ausgeliehen. Auf dem Board zu stehen und über die Wellen zu gleiten ist aber nicht so einfach. Ich bin oft ins Wasser gefallen. Konntet ihr schwimmen gehen?
Rania: Unser Hotel hatte einen Außenpool. Er war beheizt und hatte eine Rutsche, die bei allen Kindern sehr beliebt war.
Titus: Ferien in den Bergen sind spannender, als ich gedacht habe.

Possessivpronomen

Possessivpronomen

Possessivpronomen sind besitzanzeigende Fürwörter. Sie zeigen den Besitz oder die Zugehörigkeit an. Possessivpronomen werden dekliniert und stehen im selben Kasus wie das Nomen.

Beispiele: Die Loreley kämmt **ihr** goldenes Haar. Der Kapitän steuert **sein** Schiff sicher um den Felsen. Das ist **meine** Schule.

1 Setze in den folgenden Text die fehlenden Possessivpronomen ein.

Aufregung im Landschulheim

Youssef hat ________________ Schülerausweis verloren. „Hat jemand ________________ Schülerausweis gesehen?“, ruft er laut über den Flur. „Kannst du nicht besser auf ________________ Sachen aufpassen? Immer verlierst du ________________ Sachen“, knurrt ________________ Zwillingsschwester Taja. „Kannst du nicht mal nachsehen, ob du ____________ Ausweis aus Versehen eingesteckt hast?“, bittet Youssef. Widerwillig kramt Taja in ________________ Rucksack. Sie holt auch ________________ Portemonnaie hervor. „Hier, sieh selbst! Ich habe nur ________________ Ausweis!“ „Ich glaube, ich habe eine Idee, wo ________________ Ausweis sein könnte“, ruft Carl. „Wir haben doch eben draußen auf der Wiese für ________________ Völkerballturnier trainiert und du hattest ________________ Rucksack auf die Bank neben Bennets Jacke gelegt. Vielleicht ist ________________ Ausweis herausgefallen.“ Youssef läuft schnell zur Wiese und kommt kurz darauf freudestrahlend mit ________________ Ausweis zurück. „Jetzt kann ich mir wieder ein Stand-Up Paddle-Board ausleihen und ________________ Ausweis als Pfand hinterlegen.“

Präpositionen

Präpositionen

Präpositionen sind Verhältniswörter. Sie geben an, in welchem Verhältnis oder in welcher Beziehung Personen oder Gegenstände zueinander stehen.

Dabei behalten sie ihre Form bei. Sie sind unveränderbar. Oft verschmelzen **Präpositionen** aber mit dem **bestimmten Artikel**, z. B.:
am (an + dem), ins (in + das), im (in + dem), beim (bei + dem), zum (zu + dem), vom (von + dem), zur (zu + der), ans (an + das)

Mit **bestimmten Präpositionen** kann man den Ort oder die Richtung angeben.
Beispiele: Der Stein liegt **auf** der Brücke. Der Stein rutscht **in** den Fluss.

1 Beschreibe, wo sich die Gegenstände am Souvenir-Stand befinden. Du kannst dabei so wie in dem Beispiel vorgehen. Schreibe in dein Heft und markiere die Präpositionen anschließend.

Beispiel: *Die Leuchttürme stehen links neben der Kasse.*

2 Bilde aus den folgenden Nomen und Präpositionen sinnvolle Sätze wie im Beispiel. Du solltest mindestens fünf unterschiedliche Aussagesätze über einen Aufenthalt auf einer Insel bilden.

Beispiel: *Die Möwe fliegt über den Strandkorb.*

Nomen:	**Präpositionen:**
Strandkörbe	in
Sonnenschirm	auf
Wasser	unter
Dünen	vom
Ball	neben
Fisch	hinter
Eisdiele	vor
Hotel	über
Fähre	beim
Wolken	zwischen
Surfschule	durch
Briefkasten	am
Fahrradverleih	im
Möwe	an
Himmel	
Wind	
Kino	
Bäcker	
Souvenir-Laden	

Kompetenzcheck

Wie sicher bist du darin, Wortarten zu erkennen und richtig zu gebrauchen?
Schätze dich selbst ein. Male deine Sterne aus.

Ich kann die **Grundwortarten** unterscheiden: ▪ Nomen ▪ Verben ▪ Adjektive	☆☆☆☆☆
Nomen:	
Ich weiß, dass Nomen großgeschrieben werden.	☆☆☆☆☆
Ich kann das Genus unterscheiden und bestimmen: ▪ Maskulinum ▪ Femininum ▪ Neutrum	☆☆☆☆☆
Ich weiß, dass Nomen einen Begleiter haben können, und kann bestimmte und unbestimmte **Artikel** unterscheiden.	☆☆☆☆☆
Ich kann den Numerus unterscheiden und bestimmen: ▪ Singular ▪ Plural	☆☆☆☆☆
Ich kann den Kasus unterscheiden und bestimmen: ▪ Nominativ: Wer oder was? ▪ Genitiv: Wessen? ▪ Dativ: Wem? ▪ Akkusativ: Wen oder was?	☆☆☆☆☆
Verben:	
Ich weiß, dass der Infinitiv die Grundform ist. Ich kann den Infinitiv bilden und ihn erkennen.	☆☆☆☆☆
Ich weiß, dass Verben in die Personalform gesetzt werden. Ich kann Verben konjugieren.	☆☆☆☆☆
Ich kenne die verschiedenen Tempusformen und kann sie bilden (konjugieren): ▪ Präsens ▪ Präteritum ▪ Perfekt ▪ Plusquamperfekt ▪ Futur I ▪ Futur II	☆☆☆☆☆
Ich kann starke und schwache Verben voneinander unterscheiden.	☆☆☆☆☆

Adjektive:	
Ich kenne die Steigerungsformen von Adjektiven und kann sie bilden: ▪ Positiv ▪ Komparativ ▪ Superlativ	☆☆☆☆☆
Ich kenne **weitere Wortarten**:	☆☆☆☆☆
Pronomen:	
Ich kenne Personalpronomen und Possessivpronomen und kann sie unterscheiden.	☆☆☆☆☆
Präpositionen:	
Ich kenne unterschiedliche Präpositionen und ihre Aufgaben.	☆☆☆☆☆
Notizen für mich:	

Tiere beschreiben und über ein Ereignis berichten

Eine Tierbeschreibung verfassen

Eine Tierbeschreibung verfassen

Mit einer Tierbeschreibung informierst du einen Leser oder eine Leserin über wichtige Beobachtungen zum Aussehen des Körpers und zur Lebensweise eines Tieres.
Da du hauptsächlich informieren willst, sollte die Sprache **sachlich** sein (keine Gefühlsäußerungen, kein Aufbau von Spannung). Außerdem unterstützen **Fachbegriffe** (zumeist Nomen) die präzise Benennung von Körperteilen. Mit treffenden **Adjektiven** beschreibst du die Formen und Farben anschaulich, während abwechslungsreiche **Verben** (nicht nur *sein* und *haben*) den Text interessant wirken lassen. Die verwendete Zeitform ist das Präsens.

So baust du eine Tierbeschreibung auf:

In der **Einleitung** nennst du
- die Tierart, evtl. auch die Familie, zu der die Tierart gehört,
- den Lebensraum/das Vorkommen,
- ggf. eine besondere Auffälligkeit.

Im **Hauptteil** werden folgende Aspekte genau beschrieben:
- allgemeine Merkmale, z. B. Angaben zu Größe und Gewicht,
- Aussehen: Kopfform, Körperbau, Oberfläche (Fell, Federn, Haut) in sinnvoller Reihenfolge, z. B.:
  - von Kopf bis Fuß (also von oben nach unten),
  - vom Allgemeinen zum Besonderen,
- Lebensweise,
- Verhalten,
- Nahrung.

Im **Schlussteil** rundest du deine Tierbeschreibung ab, indem du eine Besonderheit des Tieres, die es z. B. von anderen Tieren unterscheidet, herausstellst.

Anemonenfisch und Blobfisch – Tierbeschreibungen untersuchen

1 Lies die folgende Tierbeschreibung über den Anemonenfisch sorgfältig und markiere wichtige Informationen mit einem farbigen Stift.

Anemonenfische

Der Anemonenfisch, auch Clownfisch genannt, ist ein faszinierendes Meereswesen. Er hat seine Heimat in den Gewässern des Indopazifiks.

Anemonenfische sind bekannt für ihre leuchtenden Farben und ihre enge Beziehung zu Seeanemonen. Anemonenfische sind klein, meist ca. zwischen 10 und 18 Zentimeter lang. Sie haben auffällige, leuchtende Farben, die von Orange über Gelb bis hin zu Rot und Schwarz reichen. Ihre charakteristischen weißen Streifen machen sie leicht erkennbar.

Anemonenfische leben in Korallenriffen und Lagunen. Hier bieten die Seeanemonen den Fischen Schutz vor Raubtieren. Im Gegenzug entfernen die Fische bei den Anemonen Parasiten und führen ihnen Nährstoffe zu. Diese gegenseitige Beziehung nennt man Symbiose.

Anemonenfische sind bekannt für ihr Sozialverhalten. Sie leben in kleinen Gruppen, die von dominanten Weibchen angeführt werden. Wenn das Weibchen stirbt, wandelt sich das größte Männchen in ein Weibchen um. Es übernimmt dann die Führung.

Anemonenfische ernähren sich hauptsächlich von Zooplankton, Algen und kleinen Krebstieren. Sie sind Allesfresser und nutzen die Nähe von Anemonen auch, um sich von vorbeischwimmenden Beutetieren zu ernähren.

Der Animationsfilm „Findet Nemo“ hat vor vielen Jahren den kleinen orangefarbenen Fisch berühmt gemacht. Seitdem wird er massenhaft aus dem Meer gefischt und ist bis heute einer der weltweit beliebtesten Aquarienfische.

2 In dem Wortspeicher findest du Bausteine für eine Tierbeschreibung. Ordne sie dem Text über Anemonenfische zu und notiere sie dazu am Rand des Textes.

Aussehen ▪ **Einleitung** ▪ **Hauptteil** ▪ Nahrung ▪ Überschrift ▪ **Schlussteil** ▪ Lebensweise ▪ Verhalten

3 Bist du schon eine Anemonenfisch-Spezialistin oder ein -Spezialist? Sind die folgenden Aussagen richtig oder falsch? Kreuze an.

	richtig	**falsch**
Der Anemonenfisch hat seine Heimat im Mittelmeer.		
Korallen und Lagunen bieten dem Anemonenfisch Schutz vor Raubtieren.		
Anemonenfische leben in keiner Symbiose mit Seeanemonen.		
Männliche Anemonenfische führen die kleinen Gruppen an.		

4 Hier siehst du einen Blobfisch. Die dazu passende Tierbeschreibung ist durcheinandergeraten. Ordne die Beschreibung und schreibe die Ziffern (1 bis 5) in der richtigen Reihenfolge in die leeren Felder vor den Texten.

Ein Blobfisch unter Wasser

☐ Der Blobfisch wird in zwei Unterarten eingeteilt, die mit zoologischen Namen Psychrolutes marcidus und Psychrolutes phrictus heißen. Der Letztgenannte ist der größere Fisch und wird bis zu 70 cm lang und 9,5 kg schwer. Es ist die Unterart, welche Stacheln auf dem Rücken trägt. Der Psychrolutes marcidus, der im Südwestpazifik zu Hause ist, ist mit 30 cm Körperlänge deutlich kleiner und hat keine Stacheln.

☐ Die Besonderheiten des Tieres sind vor allem durch seinen Lebensraum in der Tiefe der Meere zu erklären. Sie werden von Menschen nicht als Speisefisch gegessen, aber manchmal geraten sie als Beifang durch Schleppnetze an die Oberfläche. Dann quellen die Tiere durch den abnehmenden Druck sehr stark auf, sodass man ihre Körperform nicht mehr erkennen kann und ihre Haut rosa wirkt. Das erklärt auch, warum dieser interessante Fisch im Jahr 2013 zum „hässlichsten Tier der Welt“ gewählt wurde.

☐ Auf dem Bild ist ein sogenannter „Blobfisch“ zu erkennen. Es handelt sich bei diesem Tier um einen Tiefseefisch, welcher in einer Tiefe von 600 bis 2800 m im Südwestpazifik und im Nordpazifik vorkommt. Der Name „Blobfisch“ kommt aus dem Englischen und bedeutet „Tropfen“ oder „Klecks“. So sieht der Fisch nämlich aus, wenn er gefangen wird und aus der Tiefsee an die Oberfläche befördert wird.

☐ Der Körper eines Blobfisches besteht aus einer glibberigen Masse, die die gleiche Dichte wie das Wasser um sie herum hat. Die Tiere haben keine Muskeln und auch keine Schwimmblase. Dennoch sind sie in der Lage, ohne eigene Anstrengung auf dem Meeresboden zu „schweben“. Der Blobfisch wartet darauf, dass Beutetiere wie Krebstiere, Weichtiere, Seeigel und Seefedern in sein Maul schwimmen. Da er keine Zähne hat, schluckt er die Beute im Ganzen hinunter.

☐ Das Aussehen des Blobfisches ist an seinen Lebensraum angepasst. Er lebt am Meeresboden, wo es immer dunkel ist und ein hoher Wasserdruck herrscht. In dieser Umgebung sieht der Fisch anders aus als an Land, wo sein Körper aufquillt und die Farbe verändert. Unter Wasser hat der Blobfisch einen breiten, grauen Körper, der nach hinten spitz zuläuft. Bei den weißen, punktförmigen Stellen überall am Körper handelt es sich um Stacheln. Die Rückenflosse beginnt am Ende seines großen Kopfes und endet am Schwanzansatz. Hinter den Kiemen beginnen die Seitenflossen. Sie sind hellgrau und von vielen Falten durchzogen. Der Kopf des Blobfisches ist breit und flach und die dunklen Augen stehen weit auseinander.

5 Unterstreiche in der Tierbeschreibung zum Blobfisch mit jeweils unterschiedlichen Farben oder unterschiedlichen Linien
- mindestens drei Fachbegriffe,
- mindestens drei treffende Adjektive und
- mindestens drei abwechslungsreiche Verben.

Das Alpaka – Einen Tier-Pass anlegen

Einen Tier-Pass anlegen

Wenn du einen „Pass“ für ein Tier anlegen willst, ist es wichtig, Informationen über das Tier zu sammeln. Anschließend fasst du diese in Stichworten in einer sinnvollen Reihenfolge zusammen:

- Tierart und Vorkommen
- Angaben zu allgemeinen Merkmalen, z. B. Größe, Gewicht
- Aussehen:
  - möglichst viele Einzelheiten
  - Angaben geordnet in einer sinnvollen Reihenfolge: z. B. von Kopf bis Fuß oder vom Allgemeinen zum Besonderen
- Angaben zur Lebensweise, zur Nahrung, zum Verhalten usw.
- Besonderheiten

1 Lies die folgenden Texte über Alpakas. Markiere wichtige Informationen, die du für einen Tier-Pass benötigst.

☐ Das Fell der Alpakas ist besonders dicht und weich. Die Haare sind innen hohl. Deswegen hält es die Alpakas in der Kälte besonders warm und hilft ihnen bei Hitze, nicht zu schwitzen. Aus den Alpakahaaren kann man auch Wolle machen, die sehr weich ist und gut warm hält. Viele Menschen halten Alpakas wegen ihrer Wolle.

☐ In Deutschland findet man Alpakas in Zoos. Viele leben aber auch auf Höfen, wo die Tiere in Herden gehalten werden. Manchmal bieten die Verantwortlichen für Kinder oder Interessierte Wanderungen mit Alpakas an. Auch wird die Wolle der Tiere z. B. für Socken, Decken, Mützen usw. oder die Herstellung von Seifen genutzt.

☐ Trotz ihres weichen Fells sind Alpakas keine Kuscheltiere. Im Gegenteil – sie sind Fluchttiere. Kommt man ihnen zu nah, weichen sie meistens ein paar Schritte zurück. Doch auch Alpakas haben unterschiedliche Persönlichkeiten. Manche sind scheu, andere mögen es, gestreichelt zu werden. Deswegen gibt es auch Alpakas, die gerne auf Menschen zugehen und sich freuen, wenn sie Besuch auf ihrer Weide bekommen.

☐ Alpakas gehören, wie ihre nahen Verwandten, die Lamas, zu den Neuweltkameliden. Entfernte Verwandte sind die Trampeltiere und Dromedare.
Ihre ursprüngliche Heimat liegt in Südamerika, in der Region der Anden. Das ist ein Gebirge, das sich durch die Länder Peru, Bolivien und Chile zieht. Dort oben in den Bergen leben die Alpakas in großen Herden und haben sich mit ihrem dicken Fell perfekt an das harte und kalte Klima angepasst.

☐ Alpakas sind reine Pflanzenfresser. In ihrer Heimat weiden sie das karge Gras der Anden. Werden sie bei uns gehalten, fressen sie im Sommer am besten nur Gras und etwas Heu, im Winter fast ausschließlich Heu. Nur Zuchtstuten und Jungtiere bekommen etwas Kraftfutter. Auf keinen Fall darf man die Tiere überfüttern, da sie sonst krank werden. Selbstverständlich muss den Tieren ständig frisches Wasser zur Verfügung stehen. Damit sie genug Mineralstoffe bekommen, sollten Alpakas immer einen Mineralleckstein oder Salzleckstein haben. An dem können die Tiere lecken und so genügend Mineralien aufnehmen.

☐ Alpakas haben lange Beine und einen langen Hals. Wie alle Neuweltkamele besitzen sie aber keine Höcker. Bis zum Rücken gemessen sind erwachsene Alpakas zwischen 80 und 100 Zentimeter hoch und wiegen etwa 65 bis 80 Kilogramm. Damit sind sie im Durchschnitt deutlich kleiner und leichter als Lamas. Ihr Fell ist sehr lang, die Haare können bis zu 50 Zentimeter wachsen. Meist ist es einfarbig braun, schwarz oder dunkelgrau, manchmal auch apricotfarben. Einige Tiere sind sogar gescheckt. Ihre Kopfform ist dreieckig, die Ohren sind gerade und speerförmig. Die Oberlippe ist gespalten und zu einem kleinen Greiforgan ausgebildet, mit dem sie Gras und Blätter abrupfen können. Unter den Hufen besitzen sie ein weiches Sohlenpolster. Deshalb können sie an den steilsten Hängen weiden, ohne den Boden zu zerstören.

2 Ordne die folgenden Überschriften den passenden Texten zu. Schreibe dazu den passenden Buchstaben in den Kasten vor dem Text.

A) Die Nahrung der Alpakas
B) Das Verhalten von Alpakas
C) Vorkommen der Alpakas in Deutschland
D) Das Aussehen der Alpakas
E) Verwandte und Herkunft der Alpakas
F) Das Fell der Alpakas

3 Welche der folgenden Aussagen sind richtig? Kreuze die richtigen Lösungen an.

	richtig	**falsch**
Trampeltiere und Dromedare sind entfernte Verwandte der Alpakas.		
Alpakas stammen ursprünglich aus Nordamerika.		
Alpakas sind Kuscheltiere.		
Alpakas wiegen etwa 25 bis 30 kg.		
Alpakas sind Pflanzenfresser.		
Alpakas leben in Herden.		
Die Haare der Alpakas sind hart und borstig.		

4 Fülle nun mithilfe deiner Vorarbeit und anhand der Informationen den Tier-Pass für das Alpaka aus. Übertrage dazu die Tabelle in dein Heft.

Tier-Pass	
Tierart	...
Vorkommen	...
Allgemeine Merkmale: Größe, Gewicht	...
Aussehen (in sinnvoller Reihenfolge, z. B. von Kopf bis Fuß oder vom Allgemeinen zum Besonderen)	...
Lebensweise	...
Verhalten	...
Nahrung	...
Besonderheit(en)	...

5 Die Schüler Jannis und Ünal haben Tierbeschreibungen zum Alpaka verfasst. Hier findest du Auszüge aus ihren Texten, die noch nicht so gut gelungen sind. Überlege, was verbessert werden kann, und korrigiere die Sätze.

	Korrekturvorschlag
Der Körper sieht so aus: lange Beine, langer Rücken und ein langer Hals. Außerdem spitze Schnauze und spitze Ohren.	
Menschen mögen Alpakas gerne. Sie verwenden ihre warme Wolle z.B. für Mützen. Aber ob die Tiere die Menschen auch mögen? Ich vermute nein, denn sie sind Fluchttiere, aber die Menschen wollen immer mit ihnen spazieren gehen oder sie streicheln.	

6 Verfasse nun selbst für das Alpaka eine Tierbeschreibung. Nutze dafür deinen Tier-Pass und das Foto als Schreibgrundlage. Schreibe in dein Heft.

Tipps:
- Lies noch einmal die Hinweis-Box auf S. 56.
- Schreibe sachlich und im Präsens.
- Verwende Fachbegriffe.
- Nutze treffende Adjektive zur Beschreibung von Formen und Farben.
- Gebrauche unterschiedliche Verben.

So kannst du beginnen:

Das abgebildete Tier ist ein Alpaka. Alpakas gehören …

Über ein Ereignis berichten

Über ein vergangenes Ereignis berichten

Im Gegensatz zu einer Erzählung, die oft dazu dient, jemanden zu unterhalten, und deshalb besonders spannend gestaltet wird, geht es in einem Bericht vor allem darum, einen Leser oder eine Leserin zu **informieren**. Berichte beziehen sich fast immer auf Ereignisse, die in der Vergangenheit stattgefunden haben. Das kann z. B. ein Ausflug sein, ein Fest oder auch ein Unfall.
Ein Bericht wird in einer sachlich **informierenden Sprache** und meistens im **Präteritum** verfasst.

Ein Bericht gibt Antworten auf folgende Fragen:
- **Was** geschah?
- **Wer** war beteiligt?
- **Wo** ereignete es sich?
- **Wann** ereignete es sich?
- **Wie** geschah es? Wie war der Verlauf?
- **Welche** Folgen ergaben sich? Was war das Ergebnis des Geschehens?

Die Antworten auf die ersten vier Fragen können häufig bereits zu Beginn des Berichts gegeben werden. Über den genauen Hergang berichtest du anschließend in der richtigen zeitlichen Reihenfolge. Dabei helfen dir Ausdrücke wie „zunächst“, „anschließend“, „zum Schluss“, mit denen du das Geschehen zeitlich genauer einordnen kannst.
Die Frage danach, welche Folgen sich aus dem Ereignis ergaben bzw. was das Ergebnis war, kannst du im Schlussteil beantworten.

Sibel besucht die Klasse 5a, die in der letzten Schulwoche vor den Sommerferien einen Wandertag zu einem Bauernhof gemacht hat. Sibel konnte dort an einer Alpaka-Wanderung teilnehmen. Sie berichtet ihrer Freundin Franka aus der Parallelklasse in der Pause ganz begeistert von dem Ausflug.

Franka: Hey Sibel, wie war euer Wandertag?
Sibel: Der war ganz toll. Wir haben eine Alpaka-Wanderung gemacht!
Franka: Das klingt ja interessant. Was ist das denn?
Sibel: Wir durften mit Alpakas spazieren gehen. Das ist ein bisschen so, als wenn man mit einem Hund spazieren geht, nur dass die Tiere viel größer sind.
Franka: Davon musst du mir mehr erzählen! Wie seid ihr denn überhaupt darauf gekommen?
Sibel: Unsere Lehrerin hatte die Idee und sie hat die Fahrt für uns organisiert. Auf dem Hof in der Nähe von Braunschweig gab es echt viel zu entdecken. Neben der Alpaka-Wanderung, die nur wenige Kinder machen konnten, gab

es auch viele andere tolle Angebote. Man konnte z. B. beim Melken der Kühe zusehen und junge Kälbchen mit einer Flasche füttern. Andere durften die Kaninchenställe säubern und natürlich dabei die Kaninchen streicheln. Wieder andere erkundeten das Hanf-Labyrinth. Eine andere Gruppe bereitete für alle ein großes Picknick vor.

Franka: Wollten denn nicht alle mit den Alpakas wandern?

Sibel: Schon, aber das ging ja nicht und das wussten wir auch vorher. Damit die Aufteilung fair verlief, wurden die Gruppen ausgelost. Ich hatte das Glück und konnte an der Alpaka-Wanderung teilnehmen. Die netten Besitzer Lina und Matias erklärten uns zunächst, wie wir uns den Tieren gegenüber verhalten sollten, da Alpakas sehr scheu sind. Damit die Tiere durch uns keinen Stress bekommen, wurden wir noch einmal in sehr kleine Gruppen aufgeteilt. Wir sollten besonders darauf achten, den Willen der Tiere zu respektieren, also nicht an ihnen zerren oder ihnen zu nahe kommen.

Franka: Warum ist das denn so wichtig?

Sibel: Alpakas sind Fluchttiere. Sie mögen es nicht, wenn man zu direkt auf sie zugeht und sie streicheln will. Man muss geduldig sein und sollte sich ihnen nur langsam nähern. Das haben wir gemacht. So konnten wir die Tiere an einer Art Leine über die schönen Wiesen in der Nähe des Hofs führen. Es war sogar möglich, die Tiere ganz vorsichtig zu streicheln. Allerdings konnten wir nur sehr langsam gehen, da die Alpakas dauernd stehen blieben, um Gras zu fressen. Das machte aber nichts. Ich durfte mit Benno gehen. Benno war sehr zutraulich und ich konnte ihn streicheln.

Franka: Und was hast du nach der Wanderung gemacht?

Sibel: Alle Gruppen haben die Zeit gut genutzt. Wir trafen uns dann zum Abschluss-Picknick auf der großen Wiese neben der Scheune. Ich hatte riesigen Hunger nach der Wanderung und die Vorbereitungsgruppe hatte sehr leckere Sachen zubereitet. Es gab z. B. frische Waffeln, Joghurt mit Früchten, selbst gebackenes Brot und selbst gemachten Käse. Alle erzählten dann von ihren Erlebnissen. Das war ein toller Tag!

1 Franka hat die Idee, mit Sibel für die Schulhomepage einen Bericht über den Ausflug zu verfassen. Beantworte mithilfe des Gesprächs zwischen Sibel und Franka die folgenden W-Fragen:

W-Frage	**Antwort**
Was geschah?	
Wer war beteiligt?	
Wo ereignete es sich?	
Wann ereignete es sich?	
Wie geschah es? Wie war der Verlauf?	
Welche Folgen ergaben sich? Was war das Ergebnis des Geschehens?	

2 Erstelle einen Schreibplan. Überlege dir dazu, welche W-Fragen am besten in der Einleitung, welche im Hauptteil und welche im Schlussteil beantwortet werden sollen.

	W-Fragen
Einleitung	
Hauptteil	
Schlussteil	

3 Hier findest du drei Einleitungen für einen Bericht zur Alpaka-Wanderung der Klasse 5a. Wähle die gelungenste Einleitung aus und kreuze sie an.

☐ Die Alpaka-Wanderung auf dem Bauernhof war toll, alle waren dabei und hatten Spaß. Seit unserem Ausflug liebe ich Alpakas.

☐ In der letzten Schulwoche vor den Sommerferien fuhr unsere Klasse 5a auf den Bauernhof von Lina und Matias in der Nähe von Braunschweig. Dort verlebten wir einen ereignisreichen Tag, den unsere Lehrerin sehr gut vorbereitet hatte.

☐ An unserem Wandertag haben wir einen Ausflug auf einen Bauernhof gemacht, der besondere Angebote hatte. Wir durften dort mit Alpakas spazieren gehen und konnten viel erleben.

4 Begründe kurz, warum du dich für die Einleitung entschieden hast.

____

____

____

____

5 Welche Überschriften passen zu einem Bericht über den Ausflug der 5a? Kreuze diese an.

☐ Fast Sommerferien

☐ Ein Hund auf dem Bauernhof

☐ Die Klasse 5a unterwegs

☐ Ein Alpaka an der Leine

☐ Die Alpaka-Wanderung

☐ Der Bauernhof – ein Erlebnis

6 Verfasse mithilfe deiner Vorarbeit den Bericht für die Schulhomepage. Schreibe in dein Heft.

7 Überprüfe und überarbeite deinen Bericht:

- Hast du alle W-Fragen beantwortet?
- Ist der Bericht logisch aufgebaut? Kann man die drei Bausteine *Einleitung*, *Hauptteil* und *Schluss* erkennen? Hast du Absätze gemacht?
- Ist der Bericht sachlich und genau formuliert? Kommen Ausdrücke wie z. B. „zuerst“, „zunächst“, „anschließend“, „zum Schluss“ vor?
- Hast du als Zeitform das Präteritum verwendet?
- Welche Formulierungen könnten verbessert werden?
- Ist die Überschrift passend?

Kompetenzcheck

Wie sicher bist du beim Verfassen einer Tierbeschreibung und eines Berichts?
Schätze dich selbst ein. Male deine Sterne aus.

Ich kenne den **Aufbau einer Tierbeschreibung**: ▪ Überschrift ▪ Einleitung (Tierart, Lebensraum/Vorkommen) ▪ Hauptteil (allgemeine Merkmale, Aussehen, Lebensweise, Verhalten, Nahrung) ▪ Schlussteil (Besonderheit des Tieres)	☆☆☆☆☆
Ich kann einen **Tier-Pass zu einem Tier erstellen** und weiß, zu welchen Gesichtspunkten ich Notizen anfertigen muss. ▪ Tierart ▪ Vorkommen ▪ Allgemeine Merkmale: Größe, Gewicht ▪ Aussehen ▪ Lebensweise ▪ Verhalten ▪ Nahrung ▪ Besonderheiten	☆☆☆☆☆
Ich weiß, wie ich eine **Tierbeschreibung sprachlich gestalten** kann: ▪ Zeitform: Präsens ▪ sachliche Schreibweise ▪ Verwendung von Adjektiven ▪ Verwendung abwechslungsreicher Verben und Satzanfänge ▪ Verwendung von Fachbegriffen	☆☆☆☆☆
Ich kenne die **W-Fragen, auf die ein Bericht Antworten** gibt: ▪ Was geschah? ▪ Wer war beteiligt? ▪ Wo ereignete es sich? ▪ Wann ereignete es sich? ▪ Wie geschah es? Wie war der Verlauf? ▪ Welche Folgen ergaben sich? Was war das Ergebnis des Geschehens?	☆☆☆☆☆
Ich kenne den **Aufbau eines Berichts**: ▪ Einleitung ▪ Hauptteil ▪ Schlussteil	☆☆☆☆☆
Ich weiß, wie ich einen **Bericht sprachlich gestalten** kann: ▪ Zeitform: Präteritum ▪ sachlich informierende Schreibweise ▪ mit Ausdrücken wie „zunächst“, „anschließend“, „zum Schluss“, um in der richtigen zeitlichen Reihenfolge zu berichten	☆☆☆☆☆

Notizen für mich:

Satzglieder als Bausteine des Satzes

Satzglieder I

Die Bausteine eines Satzes nennt man **Satzglieder**. Man findet sie heraus, indem man versucht, den Satz (möglichst oft) umzustellen, ohne seinen Inhalt zu verändern. Man nennt das die **Umstellprobe**.

1 An den Ballons in der Pausenhalle der Schule hängen verschiedene Wörter. Bilde mit ihnen unterschiedliche Aussagesätze. Beachte, dass du immer alle Wörter benutzen musst.

Viele Kinder essen mittags in der Schulmensa Nudeln mit Tomatensoße.

2 Du konntest mit den Wörtern aus Aufgabe 1 unterschiedliche Sätze bilden, da du die einzelnen Wörter umgestellt hast. Wenn du deine Sätze genauer betrachtest, fällt auf, dass einige Wörter immer zusammengeblieben sind. Sie bilden jeweils ein Satzglied.
Markiere die einzelnen Satzglieder in unterschiedlichen Farben.

3 Ein besonderes Satzglied steht immer an derselben Stelle im Satz. An welcher Stelle steht es? Durch welche Wortart wird es gebildet?

____

____

____

4 Verbinde die Satzanfänge mit weiteren Satzgliedern so wie im Beispiel. Wähle für jeden Satz eine andere Pfeilfarbe.

Die Schulleiterin	hat	viele Waschbecken.
Der Biologieraum	steht	unterschiedliche Spielgeräte.
Im Kunstraum	hängen	die Fünftklässler.
Auf dem Schulhof	stehen	bunte Plakate.
In der Pausenhalle	begrüßt	ein großer Flügel.
In der Aula	sind	eine Tür zum Schulgarten.

5 Stelle die folgenden Sätze im Kopf mehrmals um und finde so die Satzglieder heraus (Umstellprobe). Kennzeichne dann die Satzglieder in unterschiedlichen Farben. Gib abschließend an, aus wie vielen Satzgliedern der Satz besteht.

a) In der Klasse 5e wechselt der Ordnungsdienst jeden Montag.

= ____________________ Satzglieder

b) Zeynep und Alan haben in der Klasse 5c seit Schulbeginn den Schlüsseldienst.

= ____________________ Satzglieder

c) Herr Müller unterrichtet in der Klasse 5b das Fach Erdkunde.

= ____________________ Satzglieder

d) Die Klassenräume der Jahrgangsstufe 5 sind im Obergeschoss der Schule.

= ________________________ Satzglieder

e) Alle Kinder der Klasse 5a spielen ein Instrument.

= ________________________ Satzglieder

Das Prädikat

Das Prädikat

Das **Prädikat** drückt aus, was jemand tut, was mit jemandem oder einem Gegenstand geschieht oder was etwas ist. Es besteht immer aus einem Verb oder einer Verbgruppe.
Es gibt Antwort auf die Fragen:
Was geschieht? Was tut jemand? Was ist etwas?

Beispiel: Die Menschen benutzten zunächst Bilder und Symbole.
Was taten die Menschen?
Sie **benutzten** zunächst Bilder und Symbole.
Prädikat = benutzten

1 Kennzeichne in den folgenden Sätzen die Prädikate durch eine blaue Wellenlinie.

a) Das schwedische Schulsystem funktioniert anders als das deutsche Schulsystem.

b) In Schweden gehen alle Kinder neun Jahre zur Schule.

c) In der Regel verbringen die schwedischen Kinder vor der Einschulung ein Jahr in einer Vorschule.

d) Die Vorschule ist häufig ein Teil des Schulgebäudes der Grundschule.

e) Die Grundschule umfasst als Einheitsschule eine Unter-, eine Mittel- und eine Oberstufe.

f) Die Schulpflicht endet nach neun Schuljahren.

g) Ein Schultag dauert meistens sieben Stunden.

2 In dem folgenden Text fehlen die Prädikate. Du findest sie in verwürfelter Reihenfolge in dem Wortspeicher im Infinitiv (Grundform). Setze die Prädikate in der richtigen Form in die Lücken ein.

Sommer in Schweden

Am 21. Juni __________ die Schweden den längsten Tag des Jahres mit dem Mittsommerfest. An diesem Tag __________ Kinder und Erwachsene um Mittsommerbäume, die mit Blättern und Blumen geschmückt sind. Traditionell __________ man an Mittsommer eingelegten Hering oder Fleischbällchen mit Frühkartoffeln. Erdbeeren __________ ein beliebter Nachtisch. Weil die Sonne nie ganz __________, ist es gar nicht schwer, lang zu feiern. Die Sommerferien in Schweden __________ sehr lang. Während der warmen Sommermonate __________ viele Familien ihre Ferienzeit in einem Ferienhaus am Meer oder an einem See. Die Kinder __________ im Wasser oder __________ am Strand oder im Wald. Viele Kinder __________ auch in ein Ferienlager. In Schweden darf man überall zelten oder in der freien Natur übernachten, Beeren oder Pilze sammeln, Blumen pflücken oder ohne besondere Erlaubnis fischen.

Auch wenn schwedische Kinder gerne draußen sind, __________ sie wie alle Kinder am Computer, __________ Serien oder __________ ihren Freundinnen und Freunden.

schreiben ▪ essen ▪ sein ▪ feiern ▪ untergehen ▪ verbringen ▪ sein ▪ baden ▪ spielen ▪ schauen ▪ tanzen ▪ fahren ▪ spielen

Die Prädikatsklammer

Das **Prädikat** kann auch aus zwei Teilen bestehen.

Beispiel: Menschen **haben** sich schon immer Geschichten **erzählt**.

Irgendwann **schrieben** die Menschen die Geschichten **auf**.

Man spricht in diesen Fällen von einer **Prädikatsklammer**.

1 Kennzeichne in jedem Satz die Prädikate durch eine blaue Wellenlinie. Bestimme anschließend, welche Sätze mehrteilige Prädikate enthalten. Kreuze diese Sätze an. Markiere anschließend die mehrteiligen Prädikate mit einer Prädikatsklammer, so wie im Beispiel.

- ☐ a) Die Kinder bereiten ihren Arbeitsplatz vor.
- ☐ b) Schwedische Schülerinnen und Schüler lernen früh selbstständiges Arbeiten.
- ☐ c) Gemeinsam mit ihren Lehrerinnen und Lehrern entwickeln die Kinder zu Beginn jeder Woche einen Arbeitsplan.
- ☐ d) In dem Arbeitsplan werden die Inhalte vermerkt.
- ☐ e) Die Kinder sollen den Plan in ihrem eigenen Tempo bearbeiten.
- ☐ f) Die Kinder entscheiden über die Arbeitsform – z. B. Einzelarbeit oder Gruppenarbeit.
- ☐ g) In den Schulen wird ein freundlicher Umgangston gepflegt.
- ☐ h) Die Lehrerinnen und Lehrer werden häufig geduzt.
- ☐ i) Das Schulleben findet auch an der frischen Luft statt.

2 In den folgenden Sätzen fehlen die Prädikate.
- Setze die Prädikate in ihrer richtigen Form in die Lücken ein. Dabei musst du den zweiten Teil des Prädikats anpassen.
- Verbinde die Prädikate anschließend mit einer Prädikatsklammer.

Astrid Lindgren (1907 – 2002)

a) Die schwedische Autorin Astrid Lindgren hat schon immer Kinder begeistert. (hat – begeistern)

b) Astrid Lindgren ________________ viele Kinderbücher ________________. (hat – schreiben)

c) Viele Verlage ________________ ihre berühmten Kinderbücher in viele Sprachen ________________. (haben – übersetzen)

d) Die Geschichten von Pippi Langstrumpf ________________ sie erst ihrer Tochter ________________. (hat – erzählen) Erst danach ________________ sie die Geschichten ________________. (hat – aufschreiben)

e) Weil die Erzählungen von Astrid Lindgren so viele Kinder begeisterten, ________________ Regisseure diese Geschichten ________________ (haben – verfilmen) oder ________________ sie als Hörspiel ________________. (haben – vertonen)

f) Astrid Lindgren ________________ viele Preise ________________. (hat – erhalten)

g) Durch ihre Auftritte ________________ sich die Autorin für Kinderrechte ________________. (konnte – einsetzen)

h) Durch ihre Geschichten ______________________ Kinder

______________________ (werden – ermutigen), an sich zu

glauben und mutig zu sein.

Das Subjekt

Das Subjekt

Satzglieder kann man durch bestimmte Fragen bestimmen.
Das Satzglied, das auf die Frage **Wer oder was …?** antwortet, heißt **Subjekt**.
Das Subjekt steht immer im 1. Fall (Nominativ).
Beispiel: **Die Burg** ist verzaubert.
Wer oder was ist verzaubert?
Die Burg.

Oft besteht das Subjekt aus mehreren Wörtern.
Beispiel: **Die verzauberten Eltern** haben die Gestalt von Tieren angenommen.

1 Bestimme in den folgenden Sätzen das Subjekt.
- Frage nach dem Subjekt mit der Subjektfrage *Wer oder was?*. Schreibe diese Frage auf.
- Unterstreiche das Subjekt anschließend mit der Farbe Rot.

a) Die Schulleiterin hat ein großes Büro.

Wer oder was hat ein großes Büro?

b) Die Schülervertretung organisiert eine Unterstufenparty.

____

c) Die Klassenpaten führen die Fünftklässler durch die Schule.

____

d) Am besten kennt sich die Hausmeisterin im Schulgebäude aus.

____

2 Setze die Subjekte aus dem Wortspeicher in die Sätze ein. Markiere sie anschließend rot.
Tipp: Achte darauf, die Satzanfänge großzuschreiben.

a) ______________________ liegt neben dem Schulhof.

b) ______________________ darf die Halle aus Sicherheitsgründen nur in Begleitung eines Sportlehrers oder einer Sportlehrerin betreten.

c) Mithilfe von Trennwänden kann ______________________ in drei Teile unterteilt werden.

d) Von der Decke können ______________________ elektrisch heruntergefahren werden.

e) ______________________ kann nur im Team aufgebaut werden.

f) Zum ca. einen Kilometer entfernten Sportplatz müssen ______________________ zu Fuß gehen.

alle Klassen ▪ die große Halle ▪ man ▪ das große Trampolin ▪
die Sporthalle ▪ Basketballkörbe

Subjekt und Prädikat

Zu einem grammatisch vollständigen Satz gehören Subjekt und Prädikat. Sie sind eng miteinander verbunden. Daher müssen sie in Person (1., 2., 3. Person) und Numerus (Singular, Plural) übereinstimmen.

Beispiel: **Der Sänger** reist durch das Land.
Die Sänger reisen durch das Land.

1 Unterstreiche in den folgenden Sätzen die Subjekte rot und die Prädikate mit einer blauen Wellenlinie. Bestimme anschließend Person und Numerus der Prädikate wie im Beispiel.

a) In Schweden erfolgt die Notengebung anders als in Deutschland.

3. Person *Singular*

b) Ab der sechsten Klasse bekommen Kinder in Schweden Noten.

______________ Person ______________

c) Die Noten gibt es von A bis F. ______________ Person ______________

d) Die beste Note ist A. ______________ Person ______________

e) Die Schülerinnen und Schüler essen in der Schule zu Mittag.

______________ Person ______________

f) Das neue Schuljahr beginnt Mitte bis Ende August.

______________ Person ______________

2 Lies den folgenden Text und bestimme die Subjekte und Prädikate. Unterstreiche die Subjekte rot und die Prädikate mit einer blauen Wellenlinie.
Tipp: Bei mehrteiligen Prädikaten musst du die Prädikatsklammer setzen.

Der Wandertag

Der Wandertag der Schule ist in der ersten Juliwoche geplant. Die Vorbereitungen finden bereits in allen Klassen statt. Die Jahrgangsstufe 7 gestaltet z. B. einen Ausflug nach Dortmund in das Deutsche Fußballmuseum. Die Jahrgangsstufe 8 möchte den Kletterpark besuchen. Die Kinder der Jahrgangsstufe 5 folgen dem Ratschlag der Klassenpaten. Sie möchten ein Freilichtmuseum kennenlernen. Die Lehrerinnen und Lehrer danken den Kindern für ihre kreativen Ideen. Nach der Planungsphase gibt die Schule den Eltern genauere Informationen zum Ablauf des Wandertages. Der Schulleiter wünscht der Schulgemeinde einen fröhlichen und ereignisreichen Tag.

Im Deutschen Fußballmuseum in Dortmund

Die Objekte

Neben einem Subjekt und einem Prädikat enthalten Sätze häufig sogenannte Objekte. Objekte sind Satzglieder, nach denen man auf unterschiedliche Art und Weise fragt – je nachdem, um welchen Typ von Objekt es sich bei dem Satzglied handelt.

Das Akkusativobjekt

Das Akkusativobjekt

Das Satzglied, das auf die Frage **Wen** oder **was**? antwortet, heißt **Akkusativobjekt**.

Beispiel: Sie schreibt **einen Brief**.
Wen oder was schreibt sie?
Einen Brief.

1 Welche Satzteile gehören zusammen? Verbinde jeweils zwei Satzteile sinnvoll miteinander. Nutze dazu für jeden neuen Satz eine eigene Farbe.

Die Klasse 5b plant	Kuchen und Getränke.
Die Kinder besprechen mit ihrer Lehrerin	den Raum.
Eltern spenden	den schönen Tag.
Eine Gruppe der Kinder schmückt	den Einkauf der Süßigkeiten.
Eine andere Gruppe erledigt	ihr Klassenfest.
Alle genießen	ihre Ideen.

2 Frage nun nach den Satzteilen auf der rechten Seite mithilfe der Satzgliedfrage. Schreibe deine Frage und die Antwort wie im Beispiel in dein Heft.

Beispiel: *Wen oder was plant die Klasse 5b? → ihr Klassenfest*

Das Dativobjekt

Das Dativobjekt

Das Satzglied, das auf die Frage **Wem?** antwortet, heißt **Dativobjekt**.

Beispiel: Der Hund bringt **der Frau** den Ball.
Wem bringt der Hund den Ball?
Der **Frau**.

1 Setze die Wörter in Klammern richtig in den Satz ein. Beachte dabei, dass du den Kasus verändern musst.

a) Die Klassenlehrerin gibt ______________________________ den Schlüssel zur Vorbereitung des Raums. (die Paten)

b) Fünf Kinder helfen ______________________________ . (die Paten)

c) ______________________________ wird die Dekoration des Raums übertragen. (die Klassensprecher)

d) Die Klasse schickt auch ______________________________ eine Einladung für das Klassenfest. (die Hausmeisterin)

e) Die Klasse dankt ______________________________ für ihre Mühe mit einem Blumenstrauß. (die Lehrerin)

2 Unterstreiche in den folgenden Sätzen zum Klassenfest der 5b die Dativobjekte. Stelle dir dazu die passende Satzgliedfrage (Wem?).

a) Nele antwortet ihrer Freundin.

Wem antwortet Nele?

b) Die Klasse dankt der Hausmeisterin für ihre Hilfe.

____

c) Die Eltern folgen ihren Kindern für die Vorführung auf den Schulhof.

____

d) Das Bühnenbild gefällt den Eltern sehr.

____

e) Der Schulleiter hat der Klasse bei den Vorbereitungen geholfen.

____

f) Er gratuliert ihnen zu ihrem Erfolg.

____

Das Genitivobjekt

Das Genitivobjekt

Das Satzglied, das auf die Frage **Wessen?** antwortet, heißt **Genitivobjekt**. Das **Genitivobjekt** ist ein Satzglied, das im heutigen Sprachgebrauch nicht mehr so oft gebraucht wird.

Beispiel: Der Zauberer bedient sich **der schwarzen Magie.**
Wessen bedient sich der Zauberer?
Der schwarzen Magie.

1 Markiere die Prädikate in den folgenden Sätzen mit einer blauen Wellenlinie.

a) Einige Kinder verdächtigten den Schulhund eines Vergehens.

b) Viele beschuldigten ihn des Würstchendiebstahls.

c) Die Lehrerin überführte den Hund des Diebstahls auf frischer Tat.

d) Es bedarf nun einer guten Idee, wie man die Würstchen besser schützen kann.

e) Jedoch klagte niemand den niedlichen Hund des Diebstahls an.

2 Frage nun nach dem unterstrichenen Satzglied in den Sätzen. Das ist das Genitivobjekt. Schreibe deine Satzgliedfrage und die Antwort wie im Beispiel in dein Heft.

Beispiel: *Wessen verdächtigten einige Kinder den Schulhund?*
→ eines Vergehens

Das Präpositionalobjekt

Das Präpositionalobjekt

Einige Verben werden fast immer zusammen mit einer Präposition gebraucht, z. B. *warten auf, denken an, sich kümmern um, danken für, zweifeln an, sich verlieben in, achten auf* etc.
Das Satzglied, das mit einer solchen **Präposition** beginnt, heißt Präpositionalobjekt. Man erfragt es mithilfe einer Präposition und einer W-Frage.

Beispiel: Sie verstecken sich **vor den wilden Tieren.**
Vor wem verstecken sie sich?
Vor den wilden Tieren.

1 Ergänze die Präpositionalobjekte. Gehe dabei wie im Beispiel vor.
- Finde die passende Präposition.
- Vervollständige die Sätze in der richtigen Form.

a) Mia ärgert sich immer wieder *über ihren Bruder*. (Bruder)

b) Eis besteht ______________________________. (Wasser)

c) Wir sprechen ______________________________. (Klassenfahrt)

d) Die Kinder warten ______________________________. (Bus)

e) Die Klasse diskutiert ______________________________. (Projekt)

f) Die Eltern kümmern sich ______________________________
______________________________. (Kuchen für das Klassenfest)

g) Die Schüler freuen sich ______________________________. (Ferien)

h) Die Kinder träumen ______________________________.
(Schulhund)

2 Bilde nun in ähnlicher Weise drei eigene Sätze mithilfe der folgenden Ausdrücke. Schreibe sie auf und markiere anschließend die Präpositionalobjekte farbig.

achten auf ▪ freuen über ▪ diskutieren über ▪ denken an ▪ sprechen mit ▪ interessieren für ▪ sich erinnern an

Adverbiale Bestimmungen

Die adverbiale Bestimmung

Adverbiale Bestimmungen sind Satzglieder, mit denen **die näheren Umstände eines Geschehens** (Zeit, Ort, Grund, Art und Weise) gekennzeichnet werden. Deshalb nennt man sie auch **Umstandsbestimmungen**. Wie alle anderen Satzglieder können adverbiale Bestimmungen auch erfragt werden. Man unterscheidet z. B. folgende adverbiale Bestimmungen:

1. Adverbiale Bestimmung der Zeit (Temporaladverbiale)
Frage: Wann? Wie lange? Wie oft?
Beispiel: **Wann** glitzert das Gras silbrig im ersten Licht der Sonne?
Jeden Morgen glitzert das Gras silbrig im ersten Licht der Sonne.

2. Adverbiale Bestimmung des Ortes (Lokaladverbiale)
Frage: Wo? Wohin? Woher?
Beispiel: **Wo** gibt es viele Wunder?
In meinem Zaubergarten gibt es viele Wunder.

3. Adverbiale Bestimmung des Grundes (Kausaladverbiale)
Frage: Warum? Weshalb?
Beispiel: **Warum** kommen die Tiere oft zu ihm?
Wegen seines guten Rats kommen sie oft zu ihm.

4. Adverbiale Bestimmung der Art und Weise (Modaladverbiale)
Frage: Wie? Auf welche Art und Weise?
Beispiel: **Wie** glitzert das Gras im ersten Licht der Sonne?
Silbrig glitzert das Gras im ersten Licht der Sonne.

1 Lies den folgenden Text und bestimme die unterstrichenen adverbialen Bestimmungen. Stelle dir dazu die passende Frage. Wenn du möchtest, kannst du die Frage auch am Rand notieren.

Karneval in der Schule

adv. Bestimmung des Ortes

Jedes Jahr feiern wir in unserer Schule Karneval. Am frühen Morgen kommen alle Kinder fröhlich und bunt verkleidet in die Schule. Mit großer Vorfreude betreten sie die geschmückten Klassenzimmer. Überall hängen Luftschlangen und bunte Girlanden. Während des Vormittags gibt es viele Spiele und Wettbewerbe. Mit viel Begeisterung nehmen die Kinder daran teil. In der Turnhalle findet ein Kostümwettbewerb statt, bei dem die besten Verkleidungen ausgezeichnet werden. Wegen des großen Buffets müssen viele Tische in die Pausenhalle getragen werden. Später tanzen die Kinder fröhlich und ausgelassen zu lauter Musik. Zum Abschluss des Tages gibt es eine große Polonaise durch die gesamte Schule.

Wo?

2 Schreibe die adverbialen Bestimmungen nun in die richtige Spalte der Tabelle. Gehe dabei wie im Beispiel vor.

adverbiale Bestimmung der Zeit	**adverbiale Bestimmung des Ortes**	**adverbiale Bestimmung des Grundes**	**adverbiale Bestimmung der Art und Weise**
	in unserer Schule (wo?)		

3 Erweitere die folgenden Sätze, indem du die passenden adverbialen Bestimmungen ergänzt. Die Angaben stehen in Klammern.
Bestimme dann die Art der adverbialen Bestimmungen. Schreibe dazu zunächst die passende Frage auf. Gehe wie im Beispiel vor.

a) Die Fußballer trainieren. (Rasenplatz).
Die Fußballer trainieren auf dem Rasenplatz.
Wo trainieren die Fußballer? Auf dem Rasenplatz → adv. Bestimmung des Ortes

b) Wir treffen uns. (Schwimmbad)

c) Der Schulchor singt. (laut)

d) Jelena trägt einen Schal. (Halsschmerzen)

e) Der Hund verbuddelt seinen Knochen. (Blumenbeet/blitzschnell)

____

____

____

____

Kompetenzcheck

Wie sicher bist du darin, Satzglieder zu erkennen und zu bestimmen?
Schätze dich selbst ein. Male deine Sterne aus.

Ich kann die **Umstellprobe** anwenden und so herausfinden, welche Bausteine des Satzes zusammengehören.	☆☆☆☆☆
Ich kann das **Subjekt** eines Satzes bestimmen und weiß, dass es auf die Frage **Wer oder was?** antwortet.	☆☆☆☆☆
Ich kann das **Prädikat** eines Satzes bestimmen und weiß, dass es aussagt, was jemand tut oder was mit jemandem geschieht.	☆☆☆☆☆
Ich weiß, dass ein Prädikat auch aus zwei Teilen bestehen kann. Das nennt man **Prädikatsklammer**.	☆☆☆☆☆
Ich weiß, dass ein grammatisch vollständiger Satz aus mindestens einem Subjekt und einem Prädikat besteht, die in Person und Numerus übereinstimmen.	☆☆☆☆☆
Objekte:	
Ich weiß, dass das **Akkusativobjekt** auf die Frage **Wen oder was?** antwortet.	☆☆☆☆☆
Ich weiß, dass das **Dativobjekt** auf die Frage **Wem?** antwortet.	☆☆☆☆☆
Ich weiß, dass das **Genitivobjekt** auf die Frage **Wessen?** antwortet.	☆☆☆☆☆
Ich weiß, dass die **Präpositionalobjekte** immer mit einer **Präposition** eingeleitet werden.	☆☆☆☆☆
Ich kann die verschiedenen **adverbialen Bestimmungen** erkennen und unterscheiden. ▪ adverbiale Bestimmung der Zeit (Temporaladverbiale) ▪ adverbiale Bestimmung des Ortes (Lokaladverbiale) ▪ adverbiale Bestimmung der Art und Weise (Modaladverbiale) ▪ adverbiale Bestimmung des Grundes (Kausaladverbiale)	☆☆☆☆☆

Notizen für mich:

Gedichte untersuchen und gestalten

Gedichte wahrnehmen

WES-133206-001

1 Höre dir das Gedicht „Der Schneemann auf der Straße“ aufmerksam an. Du findest es mithilfe des QR- oder Webcodes.
- Welche Grundstimmung kannst du in dem Gedicht erkennen? Ist sie fröhlich, düster, traurig ...?
- Schreibe auf und begründe deine Entscheidung kurz in einem Satz.

Audio

Robert Reinick (1805 – 1852)

Der Schneemann auf der Straße

Der Schneemann auf der Straße
trägt einen weißen Rock,
hat eine rote Nase
und einen dicken Stock.
Er rührt sich nicht vom Flecke,
auch wenn es stürmt und schneit.
Stumm steht er an der Ecke
zur kalten Winterszeit.
Doch tropft es von den Dächern
im ersten Sonnenschein,
da fängt er an zu laufen,
und niemand holt ihn ein.

2 Lies den Gedichttext und markiere dabei wichtige Wörter, die deiner Meinung nach die Stimmung verdeutlichen.
Tipp: Markiere nicht zu viele Wörter.

3 Schau dir noch einmal die letzten beiden Verse an. Erkläre sie.

Gedichte haben eine Form

Vers, Strophe und Reim

1 Höre dir das Gedicht „Im Herbst“ auf S. 88 von Wilhelm Busch aufmerksam an. Du findest es mithilfe des QR- oder Webcodes.
Welche Grundstimmung kannst du in dem Gedicht erkennen? Markiere die passenden Adjektive. Du kannst auch eigene Adjektive ergänzen.

WES-133206-002

negativ, fröhlich, traurig, bedrückt, ausgelassen, hoffnungsvoll, düster, unbeschwert, leicht, unruhig, ernst, positiv, angespannt, heiter, gelassen, bedrohlich, freudig, nachdenklich, friedlich, festlich, verwunschen,

Die Form von Gedichten

Verse: Ein Vers ist eine einzelne Zeile eines Gedichts. Normalerweise besteht ein Gedicht aus mehreren Versen. Sie geben einem Gedicht eine besondere Form. Diese Form unterstützt den Inhalt, da durch sie einzelne Wörter oder Sätze hervorgehoben werden.

Strophen: Wenn mehrere Verse zu einem Abschnitt zusammengefasst sind, ergeben sie eine Strophe. Die einzelnen Strophen werden durch eine Leerzeile voneinander getrennt.

Reime: Für den klanglichen Zusammenhalt in einem Gedicht sorgen oft Reime. Zwei Wörter reimen sich, wenn sie vom letzten betonten Vokal an gleich klingen: Kátze – Tátze, Fénster – Gespénster.

Reimordnungen: Häufig wechseln sich die Reime in einem Gedicht regelmäßig ab. Wenn man diese Reihenfolge der Reime in einem Gedicht beschreiben will, kann man sie mit einem Kleinbuchstaben bezeichnen.
Die häufigsten Reimordnungen sind:

Paarreim		**Kreuzreim**		**umarmender Reim**	
... Katze	a	... Katze	a	... Katze	a
... Tatze	a	... Fenster	b	... Fenster	b
... Fenster	b	... Tatze	a	... Gespenster	b
... Gespenster	b	... Gespenster	b	... Tatze	a

Audio

Wilhelm Busch (1832 – 1908)

Im Herbst

Der schöne Sommer ging von hinnen, _a_
Der Herbst, der reiche, zog ins Land. _b_
Nun weben all die guten Spinnen _a_
So manches feine Festgewand. _b_

Sie weben zu des Tages Feier ___
Mit kunstgeübtem Hinterbein ___
Ganz allerliebste Elfenschleier ___
Als Schmuck für Wiese, Flur und Hain[1] ___

Ja, tausend Silberfäden geben ___
Dem Winde sie zum leichten Spiel, ___
Sie ziehen sanft dahin und schweben ___
Ans unbewusst bestimmte Ziel. ___

Sie ziehen in das Wunderländchen, ___
Wo Liebe scheu im Anbeginn, ___
Und leis verknüpft ein zartes Bändchen ___
Den Schäfer mit der Schäferin. ___

---

[1] **Hain:** kleiner Wald

2 Lies das Gedicht „Im Herbst" von Wilhelm Busch und untersuche seine Form.

a) Wie viele Strophen hat das Gedicht? ______________________

b) Wie viele Verse beinhaltet jede Strophe? ______________________

c) Welche Reimordnung liegt in dem Gedicht vor? Bestimme die Reimordnung, indem du die Buchstaben neben die Verse schreibst.

Reimordnung: ______________________

Tipp: Du kannst die Reimwörter auch farbig markieren.

Metrum

Das Metrum eines Gedichts bestimmen

In vielen Gedichten wechseln sich betonte Silben und unbetonte Silben regelmäßig ab. Das ergibt ein Betonungsmuster, das man Versmaß oder **Metrum** nennt.

Wie ermittelt man das Metrum?
- Lies die Verse so vor, dass man die betonten Silben gut heraushören kann.
- Klatsche oder klopfe zusätzlich bei den betonten Silben mit.

Wie stellt man das Metrum dar?
- Notiere zunächst für jede Silbe ein x.
- Markiere jede betonte Silbe mit einem Akzent:
  x́ steht also für eine betonte Silbe.
  x steht somit für eine unbetonte Silbe.
  Beispiel: x x́ x x́ x x́ x x́
  An einer Straße steht ein Baum.

1 Höre dir die erste Strophe des Gedichts „Im Herbst" mithilfe des QR- oder Webcodes noch einmal an. Achte dabei besonders auf die Betonung. Welche Silben werden betont, welche nicht?

2 Bestimme nun das Metrum der ersten Strophe.
- Notiere zunächst für jede Silbe ein x.
- Markiere anschließend die betonten Silben mit einem Akzent x́. Gehe dabei wie im Beispiel vor.

Der schöne Sommer ging von hinnen,
x x́ x x́ x x́ x x́ x

Der Herbst, der reiche, zog ins Land.

Nun weben all die guten Spinnen

So manches feine Festgewand.

Die Sprache von Gedichten entschlüsseln

Sprachliche Bilder

Oft „malen“ Dichter mit Worten. Manche Formulierungen lassen in deinem Kopf Bilder und anschauliche Vorstellungen entstehen. Diese Formulierungen nennt man **sprachliche Bilder**, weil in ihnen mit Sprache „gemalt“ wird. Dazu gehören:

- **Vergleiche** (z. B.: „Augen wie Feuer“): Bei einem Vergleich wird mithilfe von Vergleichswörtern (z. B. *wie, als ob* oder *so wie*) etwas (z. B. das Verhalten, die Eigenschaften oder das Aussehen von jemandem) bildlich beschrieben.
- **Personifikationen** (z. B.: „Die Sonne lacht“): Bei Personifikationen erhalten Gegenstände oder Begriffe menschliche Eigenschaften. Dadurch wird ein Gedicht lebendig und anschaulich, manchmal auch witzig.

1 Lies noch einmal das Gedicht „Im Herbst“ (vgl. S. 88). Hier wird die herbstliche Welt auf eine bestimmte Art und Weise durch sprachliche Bilder dargestellt. Kreuze an, was auf die jeweilige Textstelle zutrifft.

	Vergleich	**Personifikation**
„Der schöne Sommer ging von hinnen,“ (V. 1)		
„Der Herbst, der reiche, zog ins Land.“ (V. 2)		

2 Beschreibe, welches Bild des Sommers bzw. des Herbstes durch die sprachlichen Bilder aus Aufgabe 1 in deinem Kopf entsteht. Schreibe in dein Heft.
So kannst du anfangen: *Der Sommer wirkt auf mich …*

3 Wie stellst du dir die herbstliche Welt vor? Formuliere zwei Vergleiche, die die herbstliche Stimmung veranschaulichen.
Tipp: So kannst du anfangen:
– Die Luft riecht wie …
– Der Herbst schmeckt wie …

4 Mit welchen Wörtern werden die Spinnweben in dem Gedicht „Im Herbst“ umschrieben? Notiere sie und gib auch den Vers an, in dem sie stehen. Wie wirken diese Begriffe auf dich?

Wirkung:

Ein Gedicht selbst gestalten

1 Höre dir das Gedicht „Regenschirme“ von Vera Ferra-Mikura aufmerksam an.
Welche Grundstimmung kannst du in dem Gedicht erkennen? Schreibe die Stimmung auf und begründe deine Entscheidung kurz in einem Satz.

2 Lies den Gedichttext und markiere dabei wichtige Wörter, die deiner Meinung nach die Regenschirme besonders anschaulich darstellen.

Audio

WES-133206-003

Vera Ferra-Mikura (1923 – 1997)

Regenschirme

Wenn die ersten Tropfen fallen,
lustig auf das Pflaster knallen,
blühen sie wie Blumen auf.
Bunt gestreifte, bunt gefleckte,
bunt getupfte, bunt gescheckte[1]
nehmen fröhlich ihren Lauf.
Seit die ersten Tropfen fielen,
schweben sie auf dünnen Stielen,
leuchtend, schimmernd, rund und glatt.
Bunt gestreifte, bunt gefleckte,
bunt getupfte, bunt gescheckte
Schirme blühen in der Stadt.

[1] **gescheckt**: gefleckt

3 Nun wirst du selbst zur Dichterin oder zum Dichter. Die folgenden Aufgaben helfen dir dabei, zu einer Jahreszeit deiner Wahl ein ganzes Gedicht oder Teile davon zu schreiben. Du kannst dich dabei auch an dem Schema des „Regen-Gedichts“ von Vera Ferra-Mikura orientieren.

a) Was ist typisch für deine Jahreszeit, z. B. den Herbst? Sammle erste Ideen. In der Abbildung findest du Anregungen zu verschiedenen Jahreszeiten.

Frühling

Krokus, sonnige Tage, Blüten,
Schnee, Schneeglöckchen,
grüne Wiesen, frische Luft,
Vogelgezwitscher, Tulpen,
Regenschauer, Ausflug,
Ostern

Sommer

heiß, Strand, Meer, Urlaub,
Sonne, Picknick, Bienen,
Gewitter, Schmetterlinge,
schwimmen, reisen, Eis,
Abenteuer, Wassermelone,
grillen, Freibad, Mücken

Herbst

bunt, Blätter, Nebel, Regen,
Kürbis, Kastanien, Eichel,
Laterne, Wind, Eichhörnchen,
Drachen, Sonnenschein, Igel,
Spinnen, basteln, Halloween,
gemütlich, heißer Kakao

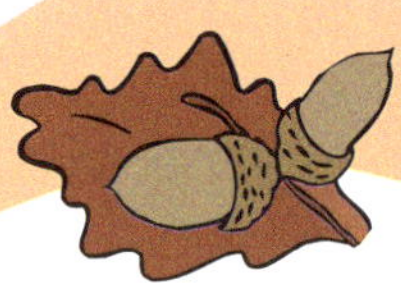

Winter

Schneemann, Schneematsch,
Schlitten, Schlittschuhlaufen,
Skifahren, eisiger Wind,
kahle Bäume, Dunkelheit,
Kaminfeuer, heißer Tee,
dicke Kleidung, Frost

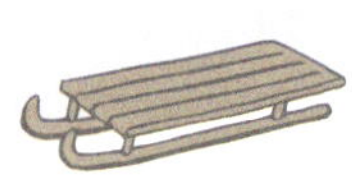

b) Wähle einige Begriffe aus und überlege, womit diese verglichen werden können.
Beispiele: Nebel – Decke, Sonnenstrahlen – Goldschimmer

Nebel – Decke

Sonnenstrahlen – Goldschimmer

c) Schreibe nun in deinem Heft mithilfe deiner Notizen dein Gedicht oder deine Strophe zu deiner Jahreszeit.

Kompetenzcheck

Wie sicher bist du darin, ein Gedicht zu untersuchen und zu verstehen?
Schätze dich selbst ein. Male deine Sterne aus.

Ich weiß, dass Gedichte eine besondere Form haben.	☆☆☆☆☆
Ich kann **Verse** und **Strophen** unterscheiden.	☆☆☆☆☆
Ich kenne verschiedene **Reimordnungen** und kann die Reimordnung in einem Gedicht bestimmen. ▪ **Paarreim** (aabb) ▪ **Umarmender Reim** (abba) ▪ **Kreuzreim** (abab)	☆☆☆☆☆
Ich kann betonte und unbetonte Silben unterscheiden (**Metrum**) und kennzeichnen.	☆☆☆☆☆
Ich kann ein Gedicht inhaltlich verstehen durch: ▪ aufmerksames Lesen ▪ aufmerksames Zuhören	☆☆☆☆☆
Ich kann die Stimmung eines Gedichtes anhand passender Adjektive beschreiben.	☆☆☆☆☆
Ich erkenne sprachliche Bilder wie **Personifikationen** und **Vergleiche** in einem Gedicht.	☆☆☆☆☆

Notizen für mich:

Die Textsorte „Märchen“ untersuchen

Das Hörverstehen trainieren – Fragen zu einem Märchen beantworten

Kennst du schon die Märchen „Die Bremer Stadtmusikanten“ und „Tischlein deck dich“? Du kannst sie dir mithilfe des jeweiligen QR- oder Webcodes anhören und anschließend dein Hörverstehen anhand der Aufgaben überprüfen.

WES-133206-004

Audio

Brüder Grimm

Die Bremer Stadtmusikanten

Das Training besteht aus drei Teilen:

1. Höre dir das Märchen aufmerksam an.
2. Lies die unten stehenden Aussagen und Fragen sorgfältig, beantworte sie aber noch nicht.
3. Höre anschließend das Märchen erneut. Bearbeite nun die Aufgaben.

1 Entscheide, ob die folgenden Aussagen richtig oder falsch sind. Kreuze an. Verbessere falsche Aussagen auf den Linien.

Textaussagen	richtig	falsch
Der Esel wird von seinem Herrn für eine Aufgabe nach Bremen geschickt. ____________________		
Der Hund soll totgeschlagen werden, weil er alt und schwach ist. ____________________		
Der zuverlässige Hahn soll gegessen werden. ____________________		
Die drei Tiere wollen in einem Wald übernachten. ____________________		
Die Tiere wollen die Räuber mit einer List aus ihrem Haus vertreiben. ____________________		

2 Erkläre kurz, mit welcher List die Tiere die Räuber vertreiben wollen.

____

____

____

____

3 Wie beschreibt der Räuber die Tiere? Fülle die Lücken mithilfe der passenden Adjektive aus dem Wortspeicher aus. Achtung: Nicht alle Adjektive sind geeignet.

„Ach, in dem Haus sitzt eine ______________ Hexe, die hat mich angehaucht und mir mit ihren ______________ Fingern das Gesicht verkratzt. Und vor der Tür steht ein Mann mit einem Messer, der hat mich ins Bein gestochen. Und auf dem Hof liegt ein ______________ Ungetüm, das hat mit einer Holzkeule auf mich losgeschlagen.“

alten ▪ hässliche ▪ langen ▪ kurzen ▪ schwarzes ▪ großes

Audio

WES-133206-005

Brüder Grimm

Tischlein deck dich!

Dieses Training besteht wieder aus drei Teilen:

1. Höre dir das Märchen aufmerksam mithilfe des QR- oder Webcodes an.
2. Lies die unten stehenden Aussagen und Fragen sorgfältig, beantworte sie aber noch nicht.
3. Höre anschließend das Märchen erneut.
   Nun kannst du mithilfe deines Hörverstehens die Aufgaben 1 und 2 bearbeiten.

1 Entscheide, ob die folgenden Aussagen richtig, falsch oder nicht im Text enthalten sind. Kreuze an.
Verbessere falsche Aussagen auf den Linien.

Textaussagen	**richtig**	**falsch**	**nicht im Text**
Der Schneider hat drei Söhne und zwei Ziegen.			
Die Mutter ist traurig, weil der Vater die Söhne fortschickt.			
Der Vater erkennt, dass die Ziege unehrlich ist und er seine Söhne zu Unrecht verstoßen hat.			
Die drei Söhne erlernen den Beruf des Zimmermanns.			
Der Gastwirt bestiehlt alle drei Brüder.			

2 Beantworte die folgenden Fragen mit deinen eigenen Worten und in ganzen Sätzen.

a) Welche Geschenke erhalten die drei Söhne am Ende ihrer Ausbildung? Beschreibe die Besonderheiten der Geschenke.

b) Warum können die beiden ersten Brüder ihrem Vater die Besonderheiten ihrer Geschenke nicht zeigen?

c) Der jüngste Bruder wendet eine List an, um die beiden Geschenke seiner Brüder zurückzubekommen. Wie macht er das?

Den Aufbau eines Märchens untersuchen und Märchenmerkmale erkennen

Märchen

Märchen sind uralte Geschichten, die seit Jahrtausenden von allen Völkern der Erde mündlich weitererzählt werden. Sie sind oft sehr ähnlich aufgebaut:

- Am Anfang steht meist eine Notlage oder Aufgabe, die von der Heldin oder dem Helden gelöst werden muss.
- Häufig stehen sich gegensätzliche Figuren gegenüber: gut – böse, tapfer – feige, schön – hässlich, klug – dumm, arm – reich. Diese Eigenschaften behalten die Figuren bei, denn Märchenfiguren verändern sich in aller Regel nicht.
- Die Trennung von Wirklichkeit und Fantasiewelt wird oft aufgehoben: Vielfach kommen Märchenfiguren wie Zauberer, Feen, Hexen oder sprechende Tiere vor.
- Eine besondere Rolle spielen die Zahlen (drei Brüder, drei Federn, sieben Geißlein usw.) sowie häufig wiederkehrende Zauberformeln und Sprüche („Knusper, knusper, Knäuschen – wer knuspert an meinem Häuschen?“, „Es war einmal ...“, „Und wenn sie nicht gestorben sind, dann leben sie noch heute.“).
- Am Ende behält das Gute die Oberhand, das Böse wird besiegt und meist auch bestraft.

1 Kennst du das Märchen vom Froschkönig? Schreibe mindestens drei Gegenstände oder Figuren auf, die in diesem Märchen wichtig sind. Wenn du das Märchen nicht kennst, überlege dir, was passieren könnte. Notiere dir dazu drei Stichpunkte.

2 Höre dir das folgende Märchen an und lies dabei mit.

WES-133206-006

Audio

Brüder Grimm

Der Froschkönig

In den alten Zeiten, wo das Wünschen noch geholfen hat, lebte ein König, dessen Töchter waren alle schön. Aber die jüngste war so schön, dass die Sonne selber, die doch so vieles gesehen hat, sich wunderte, sooft sie ihr ins Gesicht schien. In der Nähe des Königsschlosses lag ein großer dunkler Wald, und in dem Wald unter einer alten Linde war ein Brunnen. Wenn nun der Tag recht heiß war, ging das Königskind hinaus in den Wald und setzte sich an den Rand des kühlen Brunnens. Und wenn es Langeweile hatte, so nahm es eine goldene Kugel, warf sie in die Höhe und fing sie wieder: Das war sein liebstes Spielzeug.

Einmal fiel die goldene Kugel der Königstochter nicht in ihr Händchen, sondern vorbei auf die Erde und rollte geradezu ins Wasser hinein. Die Königstochter blickte ihr erschrocken nach, aber der Brunnen war tief, so tief, dass man keinen Grund sah. Da fing sie an zu weinen und weinte immer lauter. Da rief ihr jemand zu: „Was ist mit dir, Königstochter?" Sie sah sich um, woher die Stimme käme. Da erblickte sie einen Frosch, der seinen dicken, hässlichen Kopf aus dem Wasser streckte. Sie sagte: „Ich weine über meine goldene Kugel, die mir in den Brunnen hinabgefallen ist." – „Sei still und weine nicht", antwortete der Frosch, „ich kann dir helfen, aber was gibst du mir, wenn ich deine Kugel wieder heraufhole?" – „Was du haben willst, lieber Frosch", sagte sie, „meine Kleider, meine Perlen, Edelsteine und auch die goldene Krone, die ich trage." Der Frosch antwortete: „Deine Kleider, deine Perlen und Edelsteine und deine goldene Krone, die mag ich nicht. Aber wenn du mir versprichst, dass du mich liebhaben willst und ich dein Freund und Spielkamerad sein, an deinem Tischlein neben dir sitzen, von deinem goldenen Tellerlein essen, aus deinem Becherlein trinken und in deinem Bettlein schlafen darf, so will ich hinuntersteigen und dir die goldene Kugel wieder heraufholen." – „Ach ja", sagte sie, „ich verspreche dir alles, was du willst, wenn du mir nur die Kugel wiederbringst." Sie dachte aber: „Was der dumme Frosch schwätzt! Der sitzt im Wasser und quakt und kann keines Menschen Freund sein."

Franz von Stuck: Es war einmal (1891)

Der Frosch, als er die Zusage erhalten hatte, tauchte seinen Kopf unter, sank hinab, und nach einer Weile kam er wieder heraufgerudert, hatte die Kugel im Maul und warf sie ins Gras. Die Königstochter freute sich sehr, als sie ihr schönes Spielzeug wieder erblickte, hob es auf und lief damit fort. „Warte, warte", rief der Frosch, „nimm mich mit, ich kann nicht so laufen wie du!“ Aber was half es ihm, dass er ihr sein Quak, Quak so laut nachschrie, wie er konnte! Sie hörte nicht darauf, eilte nach Hause und hatte bald den armen Frosch vergessen, der wieder in seinen Brunnen hinabsteigen musste.

Am nächsten Tag, als sich die Königstochter mit dem König und allen anderen Hofleuten zur Tafel gesetzt hatte und von ihrem goldenen Tellerlein aß, da kam, plitsch platsch, plitsch platsch, etwas die Marmortreppe[1] heraufgekrochen, und als es oben angelangt war, klopfte es an die Tür und rief: „Königstochter, jüngste, mach mir auf!“ Sie lief hin und machte die Tür auf. Es saß der Frosch davor. Da warf sie die Tür hastig zu und setzte sich wieder an den Tisch. Der König sah, dass ihr das Herz gewaltig klopfte, und sprach: „Mein Kind, warum fürchtest du dich, steht etwa ein Riese vor der Tür und will dich holen?“ „Ach nein“, antwortete sie, „es ist kein Riese, sondern da draußen ist ein garstiger[2] Frosch“, antwortete sie. „Was will der Frosch von dir?“ „Ach, lieber Vater, er hat mir meine goldene Kugel aus dem Brunnen wieder heraufgeholt, nachdem sie mir beim Spielen hineingefallen war. Ich versprach ihm dafür, er sollte mein Freund werden; ich dachte aber nimmermehr, dass er aus seinem Wasser herauskönnte. Nun ist er draußen und will zu mir herein.“ Und schon klopfte es zum zweiten Mal und der Frosch rief:

„Königstochter, jüngste,
mach mir auf,
weißt du nicht, was gestern du zu mir gesagt
bei dem kühlen Brunnenwasser?
Königstochter, jüngste,
mach mir auf!“

Da sagte der König: „Was du versprochen hast, das musst du auch halten; geh nur und mach ihm auf.“ Sie gehorchte und der Frosch hüpfte herein, bis zu ihrem Stuhl. Da saß er und rief: „Heb mich herauf zu dir.“ Sie wollte nicht, aber der König befahl es ihr. Als der Frosch erst auf dem Stuhl war, wollte er auf den Tisch, und als er da saß, sprach er: „Nun schieb mir dein goldenes Tellerlein näher, damit wir zusammen essen.“ Das musste sie auch tun. Endlich sprach er: „Ich habe mich satt gegessen und bin müde; nun trag mich in dein Kämmerlein[3] und mach dein Bettlein zurecht, da wollen wir uns schlafen legen.“ Die Königstochter fing an zu weinen und fürchtete sich vor dem kalten Frosch, der nun in ihrem schönen, reinen Bettlein schlafen sollte. Der König aber wurde zornig und sprach: „Wer dir geholfen hat, als du in der Not warst, den sollst du danach nicht verachten.“ Da packte sie ihn mit zwei Fingern, trug ihn hinauf und setzte ihn in eine Ecke. Als sie aber im Bett lag, kam er gekrochen und sprach: „Ich bin müde, ich will schlafen so gut wie du: Heb mich herauf, oder ich sag’s deinem Vater.“ Da wurde sie erst bitterböse, holte ihn herauf und warf ihn mit aller Kraft gegen die Wand: „Nun wirst du Ruhe geben, du garstiger Frosch.“

---

[1] **Marmortreppe:** Treppe aus einem besonderen Stein mit dem Namen „Marmor“
[2] **garstig:** unfreundlich
[3] **Kämmerlein:** ein kleines Zimmer

Als er aber herabfiel, war er kein Frosch mehr, sondern ein Königssohn mit schönen und freundlichen Augen. Er wurde ihr lieber Freund und Gemahl[1]. Da erzählte er ihr, er wäre von einer bösen Hexe verwünscht worden, und niemand hätte ihn aus dem Brunnen erlösen können als sie allein. Dann schliefen sie ein, und am andern Morgen wollten sie in sein Reich fahren, wo sie heiraten sollten. Als die Sonne sie aufweckte, kam ein Wagen herangefahren, mit acht prachtvollen weißen Pferden bespannt und hinten stand der Diener des jungen Königs: Das war der treue Heinrich. Der treue Heinrich hatte sich so betrübt, als sein Herr in einen Frosch verwandelt worden war, dass er drei eiserne Bande um sein Herz hatte legen lassen, damit es ihm nicht vor Weh und Traurigkeit zerspränge. Der Wagen aber sollte den jungen König in sein Reich abholen. Der treue Heinrich hob beide hinein, stellte sich wieder hinten auf und war voller Freude über die Erlösung.

Und als sie ein Stück gefahren waren, hörte der Königssohn, dass es hinter ihm krachte, als wäre etwas zerbrochen. Da drehte er sich um und rief:

„Heinrich, der Wagen bricht!“
„Nein, Herr, der Wagen nicht,
es ist ein Band von meinem Herzen,
das da lag in großen Schmerzen,
als Ihr in dem Brunnen saßt,
als Ihr ein Frosch wart.“

Noch einmal und noch einmal krachte es auf dem Weg, und der Königssohn meinte immer, der Wagen bräche, und es waren doch nur die Bande, die vom Herzen des treuen Heinrich absprangen, weil sein Herr erlöst und glücklich war.

---

[1] **Gemahl:** Ehemann

3 Nun ist genaues Lesen gefragt. Sind die folgenden Aussagen richtig oder falsch? Kreuze an.
Verbessere falsche Aussagen auf den Linien.

Aussage	richtig	falsch
Der Name der jüngsten Königstochter wird genannt. ____________________		
Das liebste Spiel des Königskindes war es, einen gelben Ball hochzuwerfen und aufzufangen. ____________________		
Die Königstochter versprach dem Frosch, als Gegenleistung für das Heraufholen der Kugel seine Spielkameradin und Freundin zu sein. ____________________		

Aussage	richtig	falsch
Der König fordert seine Tochter dazu auf, zu ihrem Wort zu stehen.		
Die Königtochter teilt gerne ihr Bett und ihr Essen mit dem Frosch.		
Der prachtvolle Wagen des jungen Königs wird von sechs weißen Pferden gezogen.		

4 Lies noch einmal die Zeilen 77 f. Schreibe auf, was es bedeutet, wenn der König zu seiner Tochter sagt: „Wer dir geholfen hat, als du in der Not warst, den sollst du danach nicht verachten.“

5 Märchen haben einen typischen Aufbau: Märchenanfang, Märchenhandlung und Märchenschluss.
Gliedere das Märchen „Der Froschkönig“ in diese drei Teile. Markiere dazu die drei Abschnitte deutlich, z. B. mithilfe von drei Farben. Notiere dann die genauen Zeilen der Abschnitte.

Märchenanfang: ____________________

Märchenhandlung: ____________________

Märchenschluss: ____________________

6 Was geschieht in den drei Teilen? Kreuze die richtigen Lösungen an.

Märchenanfang		Märchenhandlung		Märchenschluss	
Notsituation		Prüfung		Bestrafung des Bösen	
Krankheit		Kampf		Belohnung des Guten	
Armut		Abenteuer		Belehrung des Bösen	
Ungerechtigkeit		Gefangenschaft		offenes Ende	

7 Wo kannst du diese besonderen Merkmale in dem Märchen „Der Froschkönig“ entdecken? Gib ein Beispiel an und nenne auch die Zeilen, in denen es steht.

Märchenmerkmal	Beispiel aus dem Text mit Zeilenangabe
formelhafte Wendungen	*„In den alten Zeiten, wo das Wünschen noch geholfen hat, lebte ein König, dessen Töchter waren alle schön.“ (Z. 1 f.)*
magische Zahlen	
Märchenfiguren	
zauberhafte Gegenstände und Lebewesen	
wundersame oder übernatürliche Ereignisse	
unbestimmte Orte	
unbestimmte Zeit	

8 Welche Eigenschaften und Verhaltensweisen zeigen die Märchenfiguren? Ordne den drei Märchenfiguren drei passende Adjektive aus dem Wortspeicher zu. Du kannst auch noch eigene Adjektive ergänzen.

Königstochter: ______________________________

Frosch: ______________________________

König: ______________________________

gutmütig ▪ hinterlistig ▪ gewissenhaft ▪ sanft ▪ widerwärtig ▪ gutherzig ▪ grausam ▪ egoistisch ▪ einfühlsam ▪ weise ▪ fürchterlich ▪ klug ▪ fürsorglich ▪ hilfsbereit ▪ gemein ▪ verlogen ▪ wohltätig ▪ gerecht ▪ boshaft ▪ hartherzig ▪ großzügig ▪ faul ▪ rücksichtslos ▪ freundlich ▪ hilfsbedürftig ▪ ehrlich ▪ ausdauernd ▪ offenherzig

Ein Märchen weiterschreiben

Nun kannst du dein Märchenwissen nutzen und ein Märchen fortsetzen. Sammle deine Ideen vor dem Schreiben. Dabei kann dir ein Erzählplan helfen.

Einen Erzählplan erstellen

Wenn du selbst ein Märchen erzählst oder einen Erzählanfang weitererzählen willst, musst du zuvor einige Entscheidungen treffen:

- Überlege dir, mit welcher Notlage oder Aufgabe das Märchen beginnen soll.
- Lege die Personen fest, die in dem Märchen vorkommen sollen (dazu gehören auch besondere Wesen wie Hexen, Zauberer, sprechende Tiere usw.).
- Entscheide, welche Aufgabe der Märchenheld/die Märchenheldin bewältigen soll und mit welchen Mitteln das gelingen soll (z. B. mithilfe von Zaubersprüchen).
- Überlege genau, wie das Märchen enden soll: Wird es z. B. eine glückliche Rückkehr und eine Belohnung geben?

Als ein Müller starb, mussten sich seine drei Söhne die Erbschaft teilen. Der Älteste bekam die Mühle und der Zweite entschied sich für den Esel, der stets gut auf der Mühle gearbeitet hatte. So blieb für den dritten Sohn nur noch …

Erstelle zur Fortsetzung dieses Märchenanfangs einen Erzählplan. Bearbeite dazu die folgenden Aufgaben.

1 Was geschieht am Anfang des Märchens? Welche Ausgangssituation liegt vor?

Beispiel: *Der jüngste Sohn erbt einen sprechenden Kater und ist mit seinem Erbe unglücklich.*

2 Welche Märchengestalten kommen in dem Märchen vor? Welche davon ist deine Hauptfigur?

3 Welche besonderen Eigenschaften und Merkmale haben deine Märchengestalten? Wenn du Hilfe brauchst, kannst du einige Wörter aus der Schatzkiste nutzen.

4 Welche besonderen Aufgaben muss deine Hauptfigur lösen? Welchen Gefahren begegnet sie? Wenn du Hilfe brauchst, kannst du einige Ideen aus dem Wortspeicher nutzen.

sieben Wildschweine fangen ▪ die Blätter einer giftigen Schlingpflanze sammeln ▪ einen Ring aus einer tiefen Felsspalte hervorholen ▪ drei einäugige Riesen besiegen ▪ einen Wald durchqueren, in dem ein gefährlicher Bär lebt ▪ den Weg durch ein Labyrinth finden ▪ aus einem Verlies entkommen

5 Welche märchenhaften Gegenstände kommen in deinem Märchen vor? Wenn du Hilfe brauchst, kannst du einige Wörter aus dem Wortspeicher nutzen.

Zauberring ▪ Feder ▪ Spindel ▪ Tarnkappe ▪ fliegender Teppich ▪ Zauberlampe ▪ Feder ▪ magischer Schlüssel ▪ Siebenmeilenstiefel ▪ Flügel ▪ Samtsäckchen ▪ Zaubertrank

6 In welchen Situationen spielen märchenhafte Zahlen wie 3, 7 oder 12 eine Rolle?

7 Welche Märchen- oder Zaubersprüche sollen in dem Märchen vorkommen? Wer spricht sie aus und warum?

Tipps:

- Du kannst Wörter wiederholen, z. B.: *Spieglein, Spieglein an der Wand.*
- Du kannst reimen, z. B.: *Knusper, knusper, Knäuschen, wer knabbert an meinem Häuschen?*
- Du kannst ein neues Wort erfinden, z. B.: *Simsalabim, Abrakadabra.*

8 Wie endet das Märchen?

Tipps:

- Wie wird das Gute belohnt?
- Wird das Böse bestraft und/oder belehrt? Wie geschieht dies?
- Formelhafte Wendung: *Und wenn sie nicht gestorben sind, dann leben sie noch heute.*

9 Finde nun eine passende Überschrift für dein Märchen.

10 Setze auf der Grundlage des Erzählplans den Märchenanfang fort. Schreibe ein vollständiges Märchen in dein Heft.

Tipps:
- Achte beim Schreiben darauf, anschaulich zu erzählen. Verwende viele Adjektive und wörtliche Rede.
- Berücksichtige die richtige Erzählzeit: das Präteritum (z. B.: „Der Kater sagte ...“).

11 Überprüfe dein Märchen. Hast du alle wichtigen Aspekte berücksichtigt? An welchen Stellen könntest du noch etwas verändern?
Du kannst die Checkliste zur Selbstkontrolle nutzen. Du kannst dir aber auch einen Lernpartner oder eine Lernpartnerin suchen und dein Märchen überprüfen lassen.

überprüfte Aspekte	**ja**	**teilweise**	**nein**	**Verbesserungsvorschläge**
Ist das Märchen erkennbar gegliedert in Einleitung, Hauptteil und Schluss?				
Gibt es märchentypische Formulierungen für die Einleitung und den Schluss?				
Sind Ort und Zeit unbestimmt?				
Kommen gute und böse Figuren vor?				
Wird der Hauptfigur eine Aufgabe gestellt, die sie lösen muss?				
Kommen magische Kräfte (z. B. Zauberei, sprechende Tiere) und/oder märchenhafte Gegenstände vor?				
Spielen magische Zahlen wie die Drei oder die Sieben eine Rolle?				
Wird am Ende das Böse besiegt und erhält die Hauptfigur eine Belohnung?				

überprüfte Aspekte	ja	teil-weise	nein	Verbesserungsvorschläge
Hat das Märchen eine passende Überschrift?				
Kommen Zaubersprüche vor?				
Stimmt die Erzählzeit (Präteritum)?				

Kompetenzcheck

Wie sicher bist du im Umgang mit Märchen?
Schätze dich selbst ein. Male deine Sterne aus.

Ich kann einem Märchentext aufmerksam zuhören und Fragen zum Text beantworten.	☆☆☆☆☆
Ich kenne den Aufbau eines Märchens: ▪ Anfang: Notlage oder Aufgabe, die die Heldin oder der Held lösen muss ▪ Hauptteil: Aufgaben/Prüfungen ▪ Schluss: Das Gute siegt, das Böse wird besiegt und meist auch bestraft.	☆☆☆☆☆
Ich kenne Märchenmerkmale: ▪ formelhafte Formulierungen für die Einleitung und den Schluss ▪ Zaubersprüche/Zauberformeln ▪ magische Zahlen ▪ typische Märchenfiguren ▪ zauberhafte Gegenstände und Lebewesen ▪ wundersame oder übernatürliche Ereignisse ▪ unbestimmte Orte ▪ unbestimmte Zeit (Es war einmal ...)	☆☆☆☆☆
Ich kann einen Märchentext aufmerksam lesen und richtige und falsche Aussagen voneinander unterscheiden.	☆☆☆☆☆
Ich kann mithilfe eines Schreibplans ein Märchen fortsetzen.	☆☆☆☆☆

Notizen für mich:

Rechtschreibung üben

Rechtschreibstrategien anwenden

Manchmal bist du vielleicht unsicher, wie du ein Wort richtig schreibst. Die folgenden Tipps und Strategien können dir dabei helfen, in der Rechtschreibung sicherer zu werden.

Rechtschreibstrategien

1. **Höre genau zu und sprich Wörter deutlich aus**. Dabei solltest du Silbe für Silbe sprechen, um alle Laute zu hören (mä-**h**en, Hun-**de**).
2. **Versuche, die Schreibweise eines Wortes abzuleiten**. Du kannst es verlängern (Wan**d** – Wän**d**e, Hu**t** – Hü**t**e) oder ein verwandtes Wort suchen (en**d**lich – das En**d**e).
3. **Arbeite**, wenn du unsicher bist, immer **mit einem Wörterbuch**. Hier kannst du das Wort nachschlagen und die richtige Schreibweise überprüfen.
4. **Präge dir Merkwörter ein**. Bei manchen Wörtern kannst du die richtige Schreibweise nicht ableiten oder anders erschließen. Diese Wörter musst du dir merken. Erstelle z. B. eigene Karteikarten.
5. **Trenne Wörter am Zeilenende**. Präge dir die Regeln zum Trennen von Wörtern am Zeilenende ein, um Fehler zu vermeiden.
6. **Nutze grammatisches Wissen**. Denke z. B. daran, dass man Nomen und Satzanfänge immer großschreibt.

Genau zuhören und deutlich sprechen

WES-133206-007

1 Höre dir die Wörter aus der Tabelle auf S. 109 genau an und ergänze dabei die fehlenden Buchstaben in den Wörtern. **Audio**

d oder t?	b oder p?	k oder g?
Angebo___e	He___el	Wa___en
un___en	Rau___e	win___en
Rän___er	ka___utt	Schrän___e
Bo___e	hu___en	Län___e
Län___er	rau___en	bie___en
ra___en	re___arieren	Ber___e
Hun___e	lo___en	Ma___en

2 Sprich die folgenden Wörter laut und deutlich aus. Zerlege sie dann in einzelne Silben und notiere sie wie im Beispiel. Markiere den Laut, den du dadurch besonders gut hören kannst.

mähen ▪ blühen ▪ Kühe ▪ Schuhe ▪ Mantel ▪ Länder ▪ Siebe ▪ Typen ▪ Berge ▪ Geschenke

mähen – mä-hen

______

______

______

Die Schreibweise eines Wortes ableiten

1 *b* oder *p*, *d* oder *t*, *g* oder *k*? Wie werden die Nomen am Wortende geschrieben?

- Verlängere die folgenden Nomen zunächst. Ergänze dazu die Pluralform.
- Nun hörst du, wie das Wort im Singular endet. Schreibe den richtigen Buchstaben in das Kästchen.

der Wal *d* – die Wäl *der*	der Gan ☐ – die Gän ☐
der Schran ☐ – die Schrän ☐	der Or ☐ – die Or ☐
das Lan ☐ – die Län ☐	der Ta ☐ – die Ta ☐
das Ba ☐ – die Bä ☐	das Ra ☐ – die Rä ☐
das Sie ☐ – die Sie ☐	der Zwer ☐ – die Zwer ☐
der Ber ☐ –die Ber ☐	die Ban ☐ – die Bän ☐

2 *b* oder *p*, *d* oder *t*, *g* oder *k*? Bilde zuerst den Infinitiv (Grundform) der Verben. Setze dann den richtigen Buchstaben in der linken Tabellenspalte ein.

3. Person Singular Präsens	**Infinitiv (Grundform)**
er/sie/es lo*b*t	*loben*
er/sie/es hu___t	
er/sie/es bie___t	
er/sie/es hin___t	
er/sie/es trin___t	
er/sie/es lie___t	
er/sie/es rä___	

3 Adjektive kannst du steigern, wenn du heraushören willst, wie sie am Wortende geschrieben werden. Trage die fehlenden Buchstaben (*g* oder *k*, *d* oder *t*) in die Lücken ein.

klu *g*	– klü *g* er	geizi ___	– geizi ___ er
al ___	– äl ___ er	öli ___	– öli ___ er
winzi ___	– winzi ___ er	run ___	– run ___ er
lusti ___	– lusti ___ er	fes ___	– fes ___ er
flauschi ___	– flauschi ___ er	knacki ___	– knacki ___ er
haari ___	– haari ___ er	niedri ___	– niedri ___ er

4 *ä* oder *e*, *äu* oder *eu*? Zu vielen Wörtern mit *ä* oder *äu* gibt es verwandte Wörter, die dir bei der Bestimmung der Schreibweise helfen.
Suche zu den folgenden Wörtern passende Wortverwandte, an denen du die Schreibweise erkennen kannst. Kennzeichne die entsprechenden Laute farbig.

Mäuse: *Maus, mausen, Mauseloch*

wärmen: ______________________________

erklären: ______________________________

Ärmel: ______________________________

träumen: ______________________________

Gebäude: ______________________________

gläubig: ______________________________

Häuptling: ____________________

Zäune: ____________________

gefährlich: ____________________

prächtig: ____________________

Säugling: ____________________

Mit einem Wörterbuch arbeiten

1 Wenn du mit einem Wörterbuch arbeiten willst, musst du dich im Alphabet auskennen. Welche vier Buchstaben fehlen hier? Schreibe sie darunter.

A B D E F G I J K L M N P Q R S T U W X Y Z

Es fehlen: ___, ___, ___, ___

2 Welcher Buchstabe steht im Alphabet jeweils zwischen den beiden Buchstaben?

B ___ D   E ___ G   J ___ L   O ___ Q   T ___ V

3 Welche beiden Buchstaben stehen im Alphabet jeweils hinter diesen Buchstaben?

D ___ ___   G ___ ___   L ___ ___   O ___ ___   U ___ ___

4 Ordne die folgenden Wörter jeweils in alphabetischer Reihenfolge.

- Westen, Süden, Norden, Osten

____

- Winter, Frühling, Sommer, Herbst

____

- Geschichte, Deutsch, Sport, Englisch

____

- Trinkflasche, Lineal, Laptop, Heft

____

- Schlagzeug, Trompete, Klavier, Gitarre

____

5 Fangen mehrere Wörter mit demselben Buchstaben an, so musst du sie nach dem zweiten oder dritten usw. Buchstaben anordnen. Versuche es. Die Buchstaben, auf die du achten musst, sind jeweils fett gedruckt.

- **Ta**statur, **Tu**be, **To**n, **Ti**efsee

___

- **Wei**hnachten, **Wes**tfalen, **Wel**t, **Wer**k

___

- **Span**nung, **Spo**rt, **Spaz**iergang, **Spi**el

___

6 Die Wörter sind im Wörterbuch immer nur in einer bestimmten Form angeführt.
Bei Verben musst du nach dem Infinitiv (Grundform) suchen, bei Nomen nach der Singular-Form (Einzahl) und bei Adjektiven nach der Grundstufe. Schreibe hinter die Wörter jeweils die Form, nach der du im Lexikon suchen musst.

Beispiel: Häuser: *Haus*

- er liest: *l* ___
- am größten: ___
- Gärten: ___
- ihr gießt: ___
- kälter: ___
- sie verreist: ___
- Läuse: ___
- sie schwimmt: ___

7 Jetzt kannst du beweisen, dass du dich im Wörterbuch zurechtfindest. Welche Schreibweise ist jeweils richtig? Schau in einem Wörterbuch nach und streiche die falsche durch.

- Theater – Teather
- Geige – Gaige
- Farstunde – Fahrstunde
- Geheimnis – Geheimniss
- meißtens – meistens
- Jagd – Jagt
- niesen – nießen
- Physik – Physick
- vorraus – voraus
- Margarine – Margariene

Sich Merkwörter einprägen

1 Bei manchen Wörtern kannst du die Rechtschreibung nicht ableiten oder anders erschließen. Diese Wörter musst du dir gut einprägen. Im folgenden Buchstabenquadrat sind Merkwörter mit *ä* und *äu* versteckt. Schreibe sie heraus. Waagerecht und senkrecht sind es jeweils fünf.

waagerecht:

____

____

____

____

senkrecht:

____

____

____

____

S	B	V	S	C	H	R	Ä	G	M	N
Ä	C	A	Y	S	Z	B	E	K	L	B
G	D	B	X	Ä	C	D	G	D	O	Ä
E	E	W	T	U	S	R	Q	C	R	R
N	F	Ä	V	L	C	D	E	F	G	H
G	H	R	W	E	B	A	Z	X	Y	Ä
K	L	T	K	N	Ä	U	E	L	X	H
M	N	S	Q	R	S	T	U	V	W	R
V	O	R	W	Ä	R	T	S	K	L	E
O	R	Ü	C	K	W	Ä	R	T	S	P
G	E	L	Ä	N	D	E	R	M	N	O

2 Du kannst Merkwörter auf Karteikarten notieren.
Schau dir die zwei Beispiele auf dieser Seite genau an und fülle dann die übrigen Karteikarten auf S. 114 aus. Du findest dort auch eine leere Karteikarte, auf die du eigene Merkwörter schreiben kannst.

Tipp: Markiere schwierige Stellen in deinen Merkwörtern, indem du sie unterstreichst oder farbig markierst.

*kontro**lli**eren (kon-trol-lie-ren)*

ich kontrolliere, du kontrollierst,

wir haben kontrolliert

die Kontrolle, der Kontrolleur

Der Schaffner kontrolliert die Fahrkarten.

____

*das Al**ph**abet (Al-pha-bet)*

das Alphabet, das Alphabet, das Alphabet

alphabetisch

Ich lerne das Alphabet auswendig.

____

____

Ballett

Verwandtschaft

reparieren

3 Auch Wörter, die mit dem Doppellaut *ai* geschrieben werden, musst du dir gut einprägen. Löse das Kreuzworträtsel und markiere anschließend den Doppellaut *ai*.

1. Herrscher oder Monarch
2. aus dieser Pflanze wird Popcorn gemacht
3. Teil eines Musikinstruments, der vibriert und dabei Töne erzeugt
4. fünfter Monat des Jahres
5. Fluss in Deutschland/Frankfurt am ...
6. Kind ohne Eltern
7. rund oder oval geformte Masse (bei Brot, Käse)
8. Stadt in Italien, bekannt für Mode und Fußball
9. großer Raubfisch im Meer

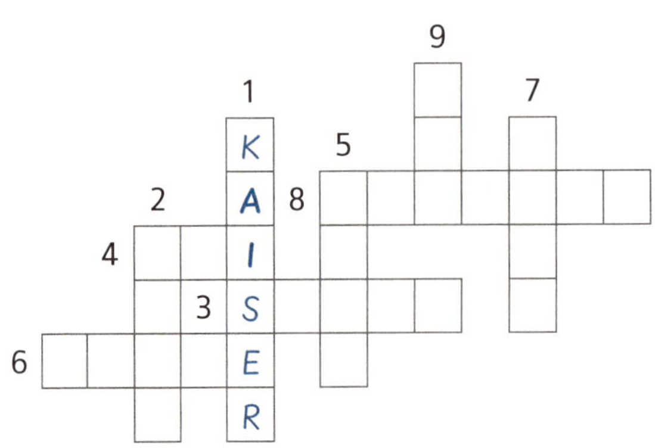

Wörter am Zeilenende trennen

Wörter am Zeilenende trennen

Auch die richtige Trennung von Wörtern am Zeilenende gehört zur Rechtschreibung.

- Wörter können am Zeilenende nach Silben getrennt werden. Die Silben ergeben sich beim langsamen Sprechen.
  Beispiel: *Ka-mel*
- Ein einzelner Vokal am Wortanfang oder Wortende wird nicht abgetrennt. Das gilt auch für zusammengesetzte Wörter.
  Beispiele: ***A**bend, **I**gel, Ka-ka**o**, Fei-er-**a**bend*
- Ein Doppellaut (au, äu, ei, eu) am Wortanfang kann dagegen abgetrennt werden.
  Beispiel: ***Eu**-ro-pa*
- Buchstabenverbindungen, die für einen Laut stehen, werden nicht getrennt (ch, ck, sch und in Fremdwörtern auch ph, sh, th).
  Beispiele: *Bü-cher, Zu-cker, wi-schen, Pro-phet, Cash-ew, My-thos*

1 Welche der folgenden Wörter kannst du trennen, welche nicht? Streiche die Wörter durch, die nicht getrennt werden dürfen. Wenn du unsicher bist, sieh dir die Regel noch einmal genau an.

Schule ▪ tanzen ▪ Eule ▪ Opa ▪ Klavier ▪ oder ▪ Angel ▪ Beute ▪
Sträucher ▪ Uhu ▪ Gebäck ▪ Acker ▪ waschen ▪ Mandel ▪ Mathematik

2 Schreibe die Wörter aus Aufgabe 1, die nach Silben getrennt werden können, mit Silbenbögen auf.

Schule

Grammatisches Wissen nutzen

Die Großschreibung von Nomen und Satzanfängen

Die Großschreibung von Nomen und Satzanfängen

- Nomen werden großgeschrieben. Du erkennst sie z. B. daran, dass sie häufig einen Artikel (Begleiter) bei sich haben (das Kind, ein Kind). Manchmal stehen sie auch gemeinsam mit einem Adjektiv (ein kleines Kind) oder einem Pronomen (unser Kind).
- Alle anderen Wortarten werden in der Regel kleingeschrieben. Am Satzanfang werden aber alle Wortarten großgeschrieben.

1 Wie du gelernt hast, ist es für die Rechtschreibung wichtig, dass du die Wortarten unterscheiden kannst. Trage die Wörter aus der Schlange in der richtigen Schreibweise in die Tabelle ein. Setze vor die Nomen den passenden Artikel.

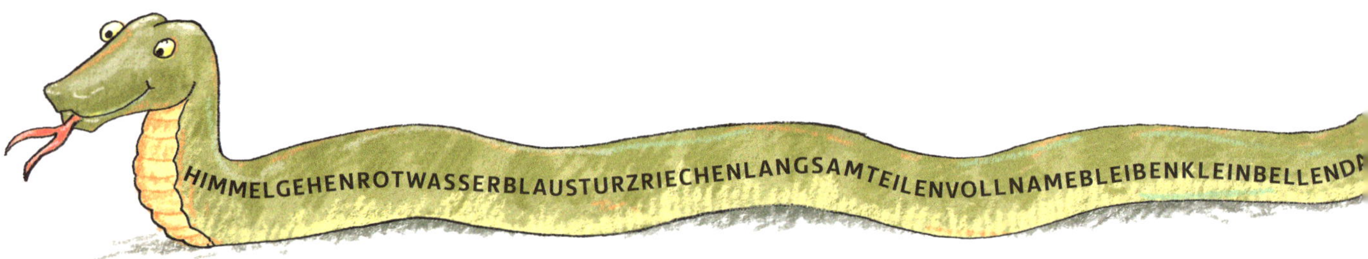

Nomen	Verben	Adjektive

2 Im folgenden Text sind alle Wörter kleingeschrieben. Markiere in dem Text alle Wörter, die großgeschrieben werden müssen.

wer ist der urahne des hundes?

bei keinem haustier finden sich so große unterschiede wie beim hund. auf internationalen ausstellungen wird uns die vielfalt besonders bewusst. so könnte man auch heute noch leicht auf den gedanken kommen, dass die hunde mehrere stammväter haben. früher wurden beispielsweise schakale wegen einiger körperlicher merkmale und ihres sandfarbenen fells als vorfahren der orientalischen windhunde betrachtet. die herkunft einiger anderer hunderassen führte man auf fuchs, kojote und hyäne zurück. erst in unserer zeit kamen zoologen und zologinnen zu der erkenntnis, dass es nur einen einzigen urahnen des hundes gibt, den wolf.

3 In dem Text über Ameisen fehlen die Satzschlusszeichen und die Satzanfänge sind kleingeschrieben. Die anderen Satzzeichen sind gesetzt. Schreibe den Text in der richtigen Form in dein Heft.

Ameisen

Ameisen sind Insekten und sie leben in Staaten zusammen sie sind Allesfresser es gibt weltweit sehr viele unterschiedliche Arten, allein in Europa unterscheidet man ca. 200 Arten die Rote Waldameise zählt zu den bekanntesten Ameisenarten

das oder *dass*

1 Auf bestimmte Verben folgen häufig dass-Sätze. Verbinde die Bausteine auf der linken und rechten Seite zu einem neuen Satz, indem du *dass* einsetzt. Schreibe die Sätze auf.
Tipp: Denke an die richtige Satzstellung im dass-Satz.

Ich verstehe,	Wir spielen heute ein spannendes Spiel.
Ich denke,	Wir gehen heute nicht ins Schwimmbad.
Er vermutet,	Es könnte morgen regnen.
Wir hoffen,	Wir gehen am Wochenende ins Kino.
Sie glauben,	Die neue Lehrerin ist nett.
Du möchtest,	Wir sehen bald wieder unsere Freunde.

Ich verstehe, dass wir heute nicht ins Schwimmbad gehen.

Mit der Ersatzprobe *das* und *dass* unterscheiden

Mit der **Ersatzprobe** kannst du herausfinden, ob du *das* oder *dass* schreiben musst. Bei der Ersatzprobe gehst du so vor:

- Wenn du den unbestimmten Artikel *ein* oder die Wörter *dies/dieses*, *jenes* und *welches* einsetzen kannst, schreibst du *das* mit einfachem **s**.
- In den Fällen, in denen du keine Ersatzwörter einsetzen kannst, schreibst du *dass* mit **ss**.

Achte auf die **Zeichensetzung**: Wenn *dass* nicht am Satzanfang steht, sondern innerhalb des Satzes, musst du in der Regel vor *dass* ein **Komma** setzen.
Beispiel: *Ich bin der Meinung, dass …*

2 Ersetze in den folgenden Sätzen *das* durch *dies/dieses*, *jenes* oder *welches*. Gehe dabei wie im Beispiel vor.

a) Das Fahrrad gehört mir. – *Dieses Fahrrad gehört mir.*

b) Wasser, das zu lange kocht, verdunstet. – ______________________

____

c) Ich esse das nicht gern. – ______________________

____

d) Ein Auto, das kein Benzin hat, fährt nicht. – ______________________

____

e) Wegen des schlechten Wetters fällt das Spiel aus. – ______________________

____

3 *das* oder *dass*? Setze das richtige Wort ein. Wenn du unsicher bist, führe die Ersatzprobe durch.

a) ______ schöne Wetter lockt viele Menschen ins Freibad oder an einen See.

b) Manche Menschen haben das Gefühl, ______ das Hören von Musik die Konzentration fördert.

c) In der Buchhandlung war das Buch, ______ gerade erst erschienen war, schnell ausverkauft.

d) Alle Kinder freuen sich darüber, ______ die Ferien beginnen.

e) _____Streicheln eines Hundes wirkt auf viele Menschen beruhigend.

Wörter mit kurz und lang gesprochenen Vokalen richtig schreiben

1 Suche aus dem Wortspeicher Wörter aus, die ähnlich klingen. Sprich die Wörter deutlich aus. Welche betonten Vokale werden lang ausgesprochen, welche kurz?
Ordne die Wörter in die passende Tabellenspalte ein.

Wenn du bei der Aussprache unsicher bist, kannst du dir die Wörter auch anhören: **Audio**

WES-133206-008

der Kamm ▪ offen ▪ die Qualle ▪ der Ofen ▪ das Lamm ▪ die Speere ▪ der Sohn ▪ beten ▪ der Damm ▪ er kam ▪ die Qual ▪ die Betten ▪ die Dame ▪ lahm ▪ die Sperre ▪ die Sonne

lang ausgesprochener Vokal	kurz ausgesprochener Vokal
er kam	*der Kamm*

2 Werden die markierten Vokale lang oder kurz ausgesprochen? Sprich die folgenden Wörter deutlich aus und ordne sie in die Tabelle ein.

Tipp: Doppellaute (*au*, *äu*, *ei*, *eu* usw.) werden lang ausgesprochen.

Katze ▪ bellen ▪ sagen ▪ sauber ▪ Maus ▪ Müll ▪ böse ▪ öffnen ▪ muss ▪ Säge ▪ können ▪ dann ▪ rennen ▪ wohnen

lang ausgesprochener Vokal	kurz ausgesprochener Vokal

lang ausgesprochener Vokal	kurz ausgesprochener Vokal

Die Schreibweise von Wörtern mit kurz gesprochenem Vokal

Doppelter Konsonant nach kurz gesprochenem Vokal

Wenn man nach einem kurz gesprochenen Vokal nur einen Konsonanten hört, wird dieser meistens verdoppelt.
Beispiele: stellen, Butter, Zelle

Diese Verdoppelung bleibt immer erhalten, auch wenn das Wort verändert wird.
Beispiele: schütteln – er schüttelte – er hat geschüttelt
schlimm – schlimmer – am schlimmsten
Kamm – des Kamms – die Kämme

1 In dem folgenden Text über die ersten Schiffe findest du viele Wörter mit doppeltem Konsonanten nach kurz gesprochenem Vokal. Lies den Text und markiere dabei alle doppelten Konsonanten farbig. Kennzeichne anschließend den kurz gesprochenen Vokal durch einen Punkt.

Beispiel: *Schiffe*

Die ersten Schiffe

Vor langer Zeit waren die Schiffe die wichtigsten Transportmittel. Wie sahen sie aus?
Die allerersten „Schiffe“ waren wahrscheinlich einfache Flöße aus zusammengebundenen Baumstämmen. Sie waren nicht wasserdicht, schwammen aber sehr gut.

Die ersten wasserdichten Fahrzeuge waren die Kanus oder Einbäume: Baumstämme, die mit primitiven Werkzeugen ausgehöhlt waren. Später nahm man auch andere Materialien, wie zum Beispiel Tierhäute und Baumrinde, und baute daraus einfache Schiffe. Bei den ersten richtigen Schiffen bestand der ganze Rumpf aus Holzplanken. Es waren Ruderboote. Sie wurden anfangs mit Paddeln und später mit Rudern fortbewegt.

2 In dem Buchstabenquadrat sind waagerecht und senkrecht jeweils fünf Wörter mit Doppelkonsonant versteckt. Schreibe sie heraus. Achte auf die Groß- und Kleinschreibung.

A	K	B	V	C	K	E	N	N	E	N
D	R	F	E	G	H	I	J	K	A	L
M	U	N	R	O	R	P	Q	R	L	S
T	M	U	S	H	I	M	M	E	L	V
W	M	X	A	Y	N	Z	A	S	E	B
C	D	E	M	F	N	G	H	C	I	J
K	L	M	M	N	E	O	P	H	Q	R
S	T	U	L	I	P	P	E	L	V	W
X	Y	Z	U	A	B	C	D	I	E	F
G	T	O	N	N	E	H	I	M	J	K
L	M	N	G	U	M	M	I	M	O	P

waagerecht:

senkrecht:

3 Bilde mithilfe der Buchstaben in den Truhen neue Wörter mit einem doppelten Konsonanten. Wie viele kannst du finden? Du solltest mindestens zehn neue Wörter bilden. Markiere die doppelten Konsonanten farbig und den kurz gesprochenen Vokal mit einem Punkt.

Beispiele: Blätter, Pfeffer

Die Laute *k* und *z* nach kurz gesprochenem Vokal

Die Laute **k** und **z** werden in deutschen Wörtern nicht verdoppelt; nach kurz gesprochenem Vokal schreibt man fast immer **ck** und **tz**.

Beispiele: La**ck**, me**ck**ern, wa**ck**eln
Bli**tz**, Schu**tz**, pla**tz**en

1 Trage die gesuchten Wörter ein. Die Buchstaben in den lila umrandeten Kästchen ergeben von oben nach unten gelesen das Lösungswort.

wird morgens als unangenehm empfunden				C	K			
das sollte der Fotograf nicht tun				C	K			
für Brot und Kuchen zuständig				C	K			
nicht rund				C	K			
Möglichkeit, um Gefrorenes im Sommer zu verzehren				C	K			
kriegt er einen Kratzer, gibt es Ärger				C	K			
vor dem Urlaub zu tun				C	K			
die Ziege darf es, der Fußballspieler nicht				C	K			
nicht die ganze Torte				C	K			
nicht nur Lamas tun es				C	K			
brummt er nicht, ist der Bauer brummig				C	K			

Lösungswort: ______________________________

2 Finde zu den folgenden Wörtern mindestens zwei Reimwörter. Markiere *ck* und *tz* und kennzeichne den kurz gesprochenen Vokal mit einem Punkt.

Mütze	*Stütze, Pfütze*
Hitze	
Jacke	
Nutzen	
Katze	
necken	

Vielleicht kennst du diesen Merkvers noch aus der Grundschule:
Nach **l**, **m**, **n**, **r**, das merke ja, steht nie **tz** und nie **ck**.

Beispiele: Ba**n**k, I**m**ker, schla**nk**
Kra**nz**, A**rz**t, ra**nz**ig

3 Bilde mithilfe der Nomen aus der Holzkiste neue zusammengesetzte Nomen. Schreibe sie mit dem passenden Artikel auf und markiere *k* und *z*.

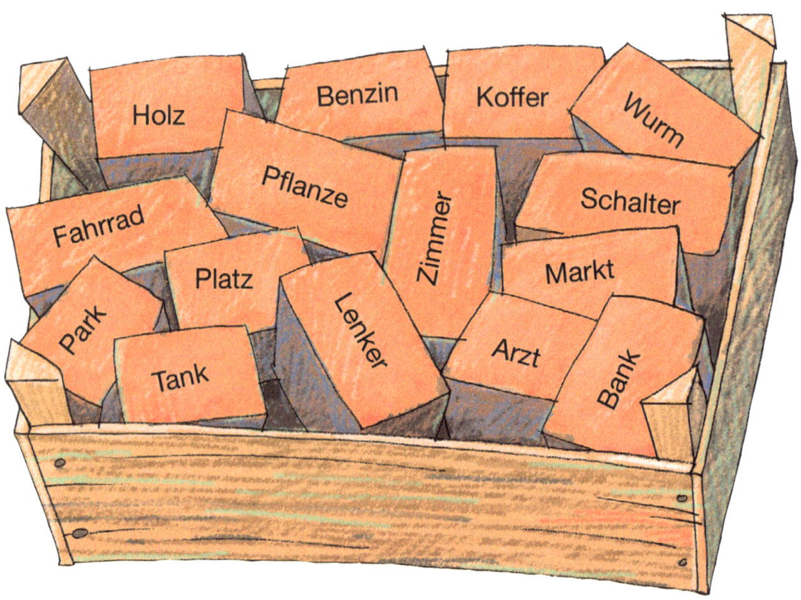

der Holzwurm,

Die Schreibweise von Wörtern mit lang gesprochenem Vokal

Wörter mit lang gesprochenem Vokal ohne Dehnungszeichen

Die meisten **Wörter mit lang gesprochenem Vokal** schreibt man mit **einfachen Buchstaben**.
Beispiele: D**o**se, N**a**se, B**e**sen, h**o**len

1 Setze die folgenden Silben so zusammen, dass Wörter mit einem lang gesprochenen Vokal entstehen. Markiere anschließend die lang gesprochenen Vokale. Finde mindestens sieben Wörter.

-ben ▪ Ho- ▪ näm- ▪ -len ▪ Fe- ▪ ru- ▪ -ge ▪ Schu- ▪ -ben ▪ Ra- ▪ -ne ▪ -te ▪ Va- ▪ Lo- ▪ Se- ▪ -ge ▪ tra- ▪ -fen ▪ -le ▪ le- ▪ gel- ▪ -se ▪ Sa- ▪ -lich ▪ ho- ▪ -se ▪ -gen ▪ Hü- ▪ -sen ▪ Ta- ▪ Tö- ▪ -rien ▪ -se ▪ lo-

nämlich, Hose,

2 Ergänze in dem Text alle fehlenden lang gesprochenen Vokale.

Die Eroberung des Weltalls

Am 4. Okt ber 1957 umkreiste zum ersten M l ein Satellit die Erde.

W rum ist dieses D tum s wichtig?

An diesem T g begann die Er berung des Weltalls. Zum ersten M l verließ ein auf der Erde von Menschen hergestelltes Objekt unsere Atmosphäre. Es w r der Sputnik, ein russischer Satellit.

Fünf Min ten nach seinem Start begann der Sputnik, die Erde zu umkreisen, w_bei er einen lauten T_n von sich g_b, der auf der ganzen Erde geh_rt werden konnte.

Einen M_nat sp_ter wurde ein zweiter Sputnik gestartet, diesmal mit einer Hündin an Bord. Sie hieß Laika und w_r das erste L_bew_sen, das die Erde umkreiste.

In so einem Raumanzug flog 1957 Hündin Laika ins Weltall.

Auch einige Wörter, die ein lang ausgesprochenes i enthalten, werden mit einfachem Buchstaben geschrieben. Das ist unter anderem bei Wörtern, die aus anderen Sprachen stammen (z. B. Maschine), und einigen Pronomen der Fall.
Beispiel: m**i**r, er g**i**bt, Apfels**i**ne

3 Suche aus dem Wörterversteck waagerecht und senkrecht alle Wörter heraus, die einen lang ausgesprochenen i-Laut haben, der mit einfachem *i* geschrieben wird.

W	I	R	A	B	C	D	E	F	A	G
R	O	S	I	N	E	H	K	L	P	M
O	B	G	A	R	D	I	N	E	F	N
N	I	M	L	K	H	G	M	F	E	O
P	B	T	I	G	E	R	E	E	L	P
D	E	K	W	S	V	T	D	D	S	Q
I	R	L	K	R	A	V	I	C	I	R
R	V	I	L	Q	M	W	Z	B	N	S
Q	T	M	M	P	P	G	I	A	E	T
R	S	A	N	O	I	Z	N	M	I	R
K	A	M	I	N	R	Y	X	W	V	U

waagerecht (6 Wörter):

senkrecht (6 Wörter):

4 Löse das folgende Rätsel. Alle gesuchten Wörter enthalten einen langen i-Laut.

- getrocknete Weintraube
- das Buch der Christen
- Stacheltier
- die Reste einer Burg
- Brotaufstrich
- Raubtier
- Wintersportgerät
- ein klingendes Schulfach
- es lebt im Nil
- damit fährt das Auto

Wörter mit Doppelvokal

Bei einer kleineren Gruppe von Wörtern wird der lang gesprochene Vokal im Schriftbild verdoppelt (*aa, ee, oo*). Es gibt jedoch keine feste Regel für die Kennzeichnung der lang gesprochenen Vokale durch die Verdoppelung. Die Schreibweise dieser Wörter musst du dir merken.
Beispiele: B*oo*t, S*ee*, H*aa*re

1 Schreibe die gesuchten Wörter auf. Sie werden alle mit *ee* geschrieben.

a) vierblättrig soll er Glück bringen: ______

b) im Winter kann man daraus einen Ball formen: ______

c) wichtiger Bestandteil der Straße: ______

d) nicht nur zwischen Europa und Amerika befindet es sich: ______

e) aus Kräutern hergestellt hilft er bei fast jeder Krankheit: ______

f) sportliches Wurfgerät: ______

g) Getränk mit ff, aber darauf kommt es hier nicht an: ______

h) je nach Vorliebe wählt man sie mit Stachel oder in Blau: ______

i) in diesem Zustand gehört die Flasche in den Glascontainer: ______

2 Löse das folgende Worträtsel. Alle Wörter werden mit *oo* geschrieben.

ganz schön feucht und gefährlich		*o*	*o*	
weicher Sitzplatz im Wald				
anderes Wort für Tierpark				
Wasserfahrzeug				
sehr dumm				

3 Hier stimmt etwas nicht. Setze die Wörter in dem Wortspeicher so zusammen, dass sinnvolle Ausdrücke entstehen.

Moorsuppe ▪ Aalhuhn ▪ Teetiere ▪ Zookanne ▪ Gummischnee ▪ Pulverboot ▪ Tanzbeere ▪ Blausaal ▪ Haarenge ▪ Meerspange ▪ Mooswurf ▪ Speerbett ▪ Personensee ▪ Ungeheuerwaage

Wörter mit Dehnungs-h

Bei einigen Wörtern wird der lang gesprochene Vokal durch ein **Dehnungs-h** gekennzeichnet. Hier gibt es keine feste Regel.
Beispiele: Za**h**l, Ru**h**m, Hu**h**n, O**h**r

1 Schreibe zu den folgenden Wörtern mindestens drei weitere Wörter aus der Wortfamilie auf.

a) Zahl: *zählen,*

b) Wahl:

c) Lehrer:

d) fahren:

e) Höhle:

2 In diesem Text befinden sich sechs Wörter, in denen das Dehnungs-h fehlt. Unterstreiche sie und schreibe sie richtig darüber.

Urlaub auf dem Bauernhof

Lilli und Karla sind Geschwister. Sie besuchen oft ihre Oma, die in einem anderen Ort, in der Nähe eines Bauernhofs, wont. Dort sind vier Pferde, zen Kühe und so viele Hüner, dass sie sie gar nicht zälen können! Den Kühen dürfen die beiden sogar Narung geben. In der Nähe des Bauernhofs haben sie auch schon merere Rehe im Wald gesehen. Es ist immer wieder ein Erlebnis, Oma und die Tiere zu besuchen.

Wörter mit *ie*

Für **die Wörter mit lang gesprochenem i-Laut** kann man sich merken, dass die meisten dieser Wörter mit **ie** geschrieben werden.

1 Höre dir die Wörter aus dem Wortspeicher an und markiere die Wörter farbig, bei denen der i-Laut lang ausgesprochen wird. **Audio**

WES-133206-009

Ziel ▪ Dienstag ▪ Kind ▪ Spiegel ▪ kriechen ▪ Ziege ▪ sind ▪ Stiefel ▪ Pinsel ▪ lieben ▪ verbinden ▪ sitzen ▪ Biene ▪ schimpfen - Papier ▪ Riese ▪ Wiese ▪ Winter ▪ Fliege - Gewitter ▪ riechen ▪ kariert ▪ Birne ▪ Lied ▪ schief ▪ viel ▪ Spiel

2 Suche aus dem Wortspeicher aus Aufgabe 1 Wörter heraus, die sich reimen. Formuliere damit mindestens drei lustige Paarreime. Schreibe in dein Heft.

Beispiel: *Zum Kaufhaus läuft die eitle Ziege.*
Sie kauft sich eine neue Fliege.

3 Es gibt einige Verben, die die Präteritumformen mit *ie* bilden. Trage die fehlenden Formen in die Tabelle ein.

Infinitiv	**1. Person Singular Präsens**	**1. Person Singular Präteritum**
laufen	*ich laufe*	*ich lief*
fallen		
heißen		
beweisen		
schreien		
rufen		
halten		
bleiben		
treiben		

s-Laute richtig schreiben

s-Laute voneinander unterscheiden

Gesummter s-Laut
Man kann den s-Laut **gesummt** sprechen wie z. B. in *eisig*. Wenn du deine Hand beim Sprechen auf deinen Kehlkopf legst, kannst du das Summen fühlen (Bienen-s).

Gezischter s-Laut
Man kann den s-Laut **gezischt** sprechen wie z. B. in *draußen*. Das kannst du nur hören und nicht fühlen (Schlangen-s).

Diese Unterscheidung in der Aussprache ist auch für die Rechtschreibung wichtig.

1 Höre dir die Wörter aus dem Wortspeicher an: **Audio**
Unterstreiche die Wörter, in denen du einen gesummten s-Laut hörst.
Markiere anschließend die Wörter mit gezischten s-Lauten.

WES-133206-010

Tasse ▪ *Rose* ▪ fließen ▪ messen ▪ Hase ▪ niesen ▪ Lose ▪ weiß ▪ begossen ▪ Haus ▪ Masse ▪ Straße ▪ Blase ▪ Fuß ▪ heißen ▪ küssen ▪ lesen ▪ reißen ▪ Bremse ▪ lassen ▪ Gänse ▪ Grüße ▪ Reise ▪ Pass ▪ Eis ▪ Kasse ▪ Gläser ▪ groß ▪ Häschen ▪ Klöße - gesummt

Schreibweisen von s-Lauten

Für den **gesummt** ausgesprochenen s-Laut gibt es nur eine Schreibweise. Er wird immer mit einem einfachen **s** geschrieben.

Für den **gezischt** ausgesprochenen s-Laut gibt es drei Schreibweisen: mit **s**, mit **ss** und mit **ß**.

2 Trage die Wörter aus Aufgabe 1 in die passenden Spalten der folgenden Tabelle ein.

gesummter s-Laut	gezischter s-Laut		
s geschrieben	s geschrieben	ß geschrieben	ss geschrieben

Der gesummte s-Laut: *s*

1 Setze in die folgenden Sätze die passenden Wörter aus dem Wortspeicher ein. Markiere anschließend den gesummten s-Laut.

a) Die Katze schleicht auf der Suche nach Beute auf ____________________ Pfoten durch den Garten.

b) Der Staub kitzelt in der ____________________.

c) Viele Kinder finden ____________________ niedlich.

d) Im Sommer muss der ____________________ oft gemäht werden.

e) In den ____________________ spielen die Kinder auf dem Schulhof.

f) Paul belegt seine Pizza mit besonders viel ____________________.

g) Die ____________________ des Fahrrads müssen repariert werden.

h) Lotta sucht die ____________________ mit dem Hundefutter.

i) ____________________ sind sehr scheu und häufig in der Dämmerung und nachts aktiv.

Bremsen ▪ Pausen ▪ Dose ▪ Rasen ▪ Rennmäuse ▪ Feldhasen ▪ Nase ▪ Käse ▪ leisen

2 Welche Wörter reimen sich? Verbinde die beiden zusammengehörenden Wörter und markiere anschließend den gesummten s-Laut.
Tipp: Manchmal gibt es mehrere Lösungsmöglichkeiten.

Hose	Meise
Riesen	Nase
lesen	Lose
brausen	sausen
Rose	Dose
Eisen	Besen
Hase	reisen
Läuse	niesen
leise	Mäuse

Der versteckte gesummte s-Laut: Maus – Mäuse

Den gesummten s-Laut hören

Vor einem Konsonanten oder am Wortende wird der gesummte s-Laut zu einem gezischten s-Laut. Wenn du dir beim Schreiben unsicher bist, suche nach verwandten Wortformen, bei denen der gezischte s-Laut wieder zu einem gesummten wird. Vielleicht kennst du auch den Reim „Verlängere das Wort und du hörst es sofort“.

Beispiele: Mau**s** – Mäu**s**e
er ra**s**t – ra**s**en
Hau**s** – Häu**s**er
sie nie**s**t – nie**s**en

1 Sprich die folgenden Wörter, die einen gezischten s-Laut enthalten, deutlich aus. Suche dann zu jedem Wort mindestens zwei verwandte Wörter, in denen du einen gesummten s-Laut hörst, und markiere diesen.

a) Gras: *grasen – Gräser*

b) er liest: __________

c) Glas: __________

d) sie saust: __________

e) ihr verreist: __________

f) Preis: __________

g) sie bewies: __________

2 Welche Buchstaben fehlen in den folgenden Wörtern, *s* oder *ß*? Trage die richtigen Buchstaben ein. Überlege zuvor, ob es verwandte Wörter gibt, in denen du einen gesummten s-Laut hörst.

Gru__	Hau__	ich wei__	Ei__
er blie__	Ga__	er bei__t	ihr le__t
Spa__	Lo__bude		

Der gezischte s-Laut: *ss* und *ß*

Schreibweisen des gezischten s-Lautes

Der **gezischte s-Laut** wird nach lang gesprochenem Vokal oder Doppellaut (z. B. *au*, *eu*) mit **ß** geschrieben.
Beispiele: So**ß**e, drau**ß**en, bei**ß**en, Fü**ß**e, genie**ß**en

Der **gezischte s-Laut** wird nach kurz gesprochenem Vokal oft mit **ss** geschrieben.
Beispiele: Kla**ss**e, fa**ss**en, Ma**ss**e, e**ss**en

1 Bilde mithilfe des Wortsterns mindestens zehn verschiedene Wörter, die mit *ss* geschrieben werden.

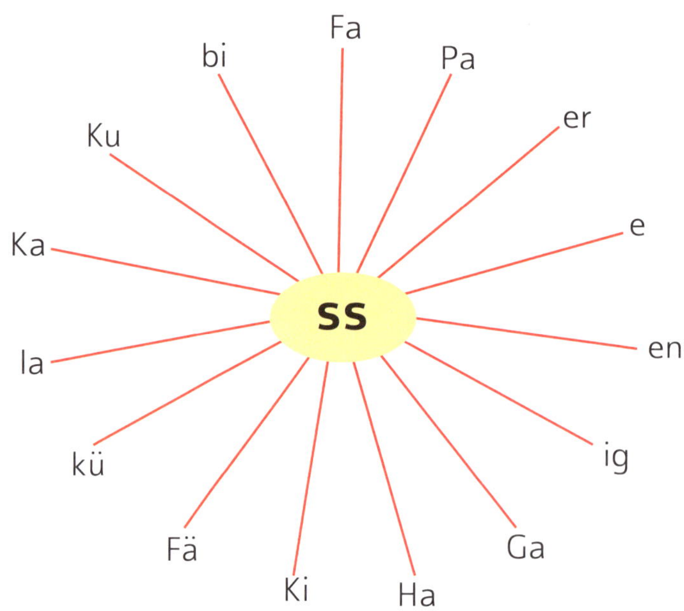

Kasse, ____________________

____

____

____

2 Welche Nomen passen zu den folgenden Verben? Schreibe sie mit dem entsprechenden Artikel auf.

fassen: *das* ____________ küssen: ____________

hassen: ____________ passen: ____________

kassieren: ____________

3 Suche zu den folgenden Wörtern jeweils ein passendes Reimwort, das mit **ss** geschrieben wird.

lassen: ______	Tasse: ______
wissen: ______	Kuss: ______
müssen: ______	Pass: ______

Mal kurz – mal lang

1 In den folgenden Wörtern fehlt entweder **ss** oder **ß**. Trage die Buchstaben ein. Sprich das jeweilige Wort zuvor deutlich aus.
Zeichne unter den vorausgehenden Vokal einen Punkt, wenn er kurz ausgesprochen wird, und einen Strich, wenn er lang ausgesprochen wird.
Denke daran, dass Doppellaute immer lang ausgesprochen werden.

sie schie___t	das Flu___ufer	geri___en
der Spa___	die Ta___e	er lä___t
er flie___t	der Ha___	die Fü___e
das Wei___brot	gego___en	ein bi___chen
das Bierfa___	der Schlü___el	ich hei___e
gro___		

2 Manchmal ändert sich die Vokallänge vor dem s-Laut, wenn du verwandte Wörter bildest. Geschrieben wird dann so, wie du es bereits gelernt hast. Trage in die folgenden Wörter die richtigen Buchstaben ein.

a) Fluss: flie___en – geflo___en

b) vergessen: ich verga___ – verge___lich

c) Schluss: abschlie___en – abgeschlo___en

d) lassen: ich lie___ – gela___en

e) Schuss: sie schie___t – sie hat gescho___en

f) Biss: er bei___t – bi___ig

g) gießen: ich habe gego___en – Gie___kanne

Übungen zu unterschiedlichen Schwerpunkten der Rechtschreibung

1 Setze die fehlenden Buchstaben in den folgenden Text ein.

Richtige Vampire

Vampirfledermaus

Richtige Vampire gi___t es im Reich der T___re. Vampire gehören zur ___amilie der Fledermäuse und leben vorrangig in Südamerika in Felsh___len und hohlen B___men. Die bis zu neun Zentimeter gro___en Tiere verla___en ihre Quartiere nur bei völliger ___unkelheit und ern___ren sich, genau wie die Vampire in Film und Fernsehen, vom Blu___ ihrer Beute. Sie rei___en mit scharfen Z___nen einen kleinen Schni___ in die Haut und le___en dann das Blut auf, das aus der Wunde fl___t. Meistens suchen sie sich Tiere als Opfer aus und nur extrem selten greifen sie M___nschen an. Der Bi___ eines Vampirs an sich ist nicht gef___rlich, doch können dadurch Krankheiten übertragen werden.

2 In dem folgenden Text finden sich 13 Rechtschreibfehler. Streiche die falsch geschriebenen Wörter durch und schreibe sie richtig darüber.

Mit Weihnachtsstollen in die Flucht geschlagen

Mit Weihnachtsstollen, die er als Wurfgeschose einsetzte, hat ein Kaufmann in Darmstadt zwei Reuber in die flucht geschlagen. Nach Polizeiangaben wahren zwei maskierte Mäner in dem Lebensmittelgeschäft erschinen, bedroten den Geschäftsmann mit einer Wafe und forderten ihn zur Herausgabe der einnahmen auf. Der Ladenbesitzer kam dieser aufforderung aber nicht nach, sondern warf mit Weihnachtsstollen nach den Tätern. Die Männer wichen den Süßen Geschossen aus und verlißen fluchtartig das Gescheft.

Übungsdiktate zu unterschiedlichen Schwerpunkten

Mithilfe der Diktate kannst du dein Rechtschreibwissen vertiefen und festigen.
Höre dir den jeweiligen Text an und schreibe ihn mit.
Vergleiche anschließend deine Lösung mit dem Text im Arbeitsheft.
Wörter, die du falsch geschrieben hast, solltest du üben. Du kannst sie z. B. mehrmals aufschreiben.

5-Minuten-Diktate

das oder dass Audio

WES-133206-011

a) Ob Katzen etwas mögen oder nicht, / das zeigen sie / ganz genau. / Werden sie zärtlich gestreichelt, / dann schnurren sie. / Das bedeutet: / Ich fühle mich wohl. / Stupsen sie ihre Menschen / mit dem Kopf an, / wollen sie spielen. / Legen sie sich gar / auf den Rücken, / dann heißt das: / Ich vertraue dir.

b) Es ist allgemein bekannt, / dass Katzen / zwar in der Wohnung leben können, / aber viel lieber / draußen umherstreifen. / Das musst du bedenken, / wenn du dir eine Katze / ins Haus holen möchtest. / Wenn du keinen Garten / zur Verfügung hast, / solltest du dir / ein geeignetes Halsband besorgen, / das es in jeder Zoohandlung gibt.

Die Schreibweise von Wörtern mit kurz gesprochenem Vokal Audio

WES-133206-012

a) Jeder Hund braucht / seinen festen Platz im Haus / oder in der Wohnung. / Am besten ist/ ein flacher Korb mit Decke / oder einem waschbaren Kissen. / Er soll / an einer ruhigen Stelle stehen, / aber so, / dass der Hund / alles im Blick hat.

b) Besonders junge Hunde / kauen gern, / um ihre Zähne / auszuprobieren. / Hunde lieben weiche Bälle, / Gummitiere, / ein Stück Holz / oder Pantoffeln. / Steine und Metall / schaden ihren Zähnen.

c) Wenn ein Hund / ins Haus kommt, / braucht er ein Halsband / und eine Leine. / Außerdem benötigt er / einen Kamm und eine Bürste / für die Fellpflege. / Sein Futter muss / gesund und abwechslungsreich sein.

d) An der Körperhaltung / kann man / die Stimmung eines Hundes erkennen. / Ein Hund mit eingekniffenem Schwanz / hat Angst. / Wenn der Schwanz / herunterhängt, / ist der Hund traurig.

e) Wellensittiche sind / kleine Papageien, / die in der Natur / in großen Schwärmen / zusammenleben. / Sie sind sehr gesellig / und langweilen sich schnell / oder werden sogar krank, / wenn man sich zu wenig / mit ihnen beschäftigt. / Darum sollten / immer mindestens zwei Tiere / gleichzeitig angeschafft werden.

Die Schreibweise von Wörtern mit lang gesprochenem Vokal Audio

WES-133206-013

a) Hunde sind / die treuesten Begleiter des Menschen. / Sie sind sehr anhänglich, / gehorsam / und lernen eine Menge. / Hunde haben / sehr gute Ohren und Spürnasen. / Darum werden viele von ihnen / als Wachhunde gehalten.

b) Wölfe sind Raubtiere, / die in Rudeln / leben und jagen. / Anführer eines Rudels sind / der Leitwolf und seine Gefährtin. / Auch Hunde brauchen ein Rudel. / Das ist die Familie, / in der sie leben.

c) Hunde sehen / sehr unterschiedlich aus. / Sie sind klein oder groß, / haben spitze oder runde Schnauzen, / kurzes oder langes Fell / in vielen Farben. / Die meisten Hunde / werden heute / als Familienhunde / oder Begleiter des Menschen gehalten. / Darunter gibt es viele, / die besonders kinderlieb sind.

d) Zwergkaninchen sind / stille Tiere. / Nur in großer Not / schreien sie. / Aber ihre Körpersprache zeigt, / was sie mögen. / Wenn sie sich anschmiegen / oder mit der Nase stupsen, / dann wollen sie spielen / oder gestreichelt werden. / Legen sie sich flach auf den Boden, / haben sie Angst.

s-Laute Audio

WES-133206-014

a) Meerschweinchen fühlen sich / in einer großen Kiste / besonders wohl. / Sie sollte mit Sägespänen, / Heu oder Katzenstreu / ausgepolstert sein. / Außerdem benötigen sie / ein kleines Häuschen, / in dem sie schlafen können / und Unterschlupf finden.

b) Meerschweinchen sind Pflanzenfresser. / Sie fressen Obst und Gemüse, / also Äpfel und Möhren, / Salat, Wiesenkräuter / und Getreide. / Zum Trinken genügt frisches Wasser. / Nasses Futter schadet ihnen.

c) Meerschweinchen quieken, / wenn sie jemanden / begrüßen wollen / oder wenn sie Hunger haben. / Das heißt dann: / Habt ihr etwa / mein Futter vergessen?

d) Meerschweinchen sind / keine zu klein geratenen Schweine, / wie ihr Name vermuten lässt. / Sie gehören / zur großen Gruppe der Nagetiere / wie das Kaninchen, / die Maus oder der Hamster. / Ihren Namen erhielten sie / von Seefahrern, / die die Tiere / nach der Entdeckung Amerikas / „über das Meer“ / mit nach Europa brachten.

Längere Übungsdiktate

Mithilfe der folgenden Diktattexte kannst du dein Rechtschreibwissen in allen Bereichen trainieren.

Hausmäuse und Feldmäuse

Audio

WES-133206-015

Wei**ß**e M**äu**se und Far**b**mäuse / stammen von der Hausmau**s** ab. / Sie z**ä**hlt / zu den **ä**ltesten Begleitern des Menschen.
Schon vor mehr als 3000 **Jahren** / wurden in **China** / Mäuse als Hau**st**iere gezüchtet. /
Sie fre**ss**en alles, / was sie im Haus / finden kö**nn**en: / Bro**t**, Käse, Früchte, / Milch, Getreide. / Es **gibt** aber auch **viele** Mäuse, / die drau**ß**en leben: / Fel**d**mäuse, Haselmäuse, / Stachelmäuse und Zwer**g**mäuse. / Sie fre**ss**en Getreide, / Nü**ss**e, **Obst** und Würmer.

Viel Nachwuchs

Audio

WES-133206-016

Mäuse sind / gesell**ig** lebende **Nagetiere**. / Darum so**ll**ten sie / nicht a**ll**ein / in einem Käfi**g** gehalten werden. / Be**ss**er sind / **mehrere** Wei**b**chen oder M**ä**nnchen / aus einem Wurf, / weil sie sich / gut miteinander vertragen. /
Mäuse beko**mm**en / sehr viel **Nachwuchs**. / Schon mit vier bis acht Wochen / kann ein Weibchen / mehrere Male im Jahr / bis zu 15 Jun**g**tiere beko**mm**en, / manchmal sogar noch **mehr**. / Deshalb sollten Männchen und Weibchen / nicht in einem Käfig / **gehalten** werden. /
Der Mäusenachwuchs / kommt na**ck**t und blin**d** / auf die Welt. / Nach zwei bis drei Tagen / begi**nn**t das Fe**ll** zu **wachsen**. / Mit 12 bis 14 Tagen / **öffnen** die kleinen M**äu**se / ihre Augen.

Der Goldhamster

Audio

WES-133206-017

Der Goldhamster ist / als Haustier weni**g** geeignet. / Hamster schlafen den gan**z**en Ta**g** / und werden erst wach, / wenn wir **meist** schon im Be**tt** liegen. / Wir**d** ein Hamster am Ta**g** gewe**ck**t, / weil er spielen soll, / dann kann es **passieren**, / **dass** er zubei**ß**t. / Wer spielt schon gern, / wenn er **vielleicht** **sehr** müde ist? /
Au**ß**erdem ist es nicht einfa**ch**, / ihm ein Haus zu bauen, / in dem er sich wohl**fühlt**. / Goldhamster leben in ihrer Heimat / in unterirdischen Bauten / in der **Wüste**. / Auch in einem Käfi**g** wollen sie tiefe G**ä**nge graben. / Die normalen Käfige / reichen dafür nicht aus. /
Damit sich ein Hamster / richti**g** wohlfühlt, / braucht er ein gro**ß**es **Terrarium** / und einen Menschen, / der in der Nacht / nicht **gern** schläft.

Kompetenzcheck

Wie sicher bist du in der Rechtschreibung?
Schätze dich selbst ein. Male deine Sterne aus.

Ich kenne folgende **Rechtschreibstrategien** und kann sie anwenden:

- Genau zuhören und deutlich sprechen ☆☆☆☆☆
- Die Schreibweise eines Wortes ableiten ☆☆☆☆☆
- Mit dem Wörterbuch arbeiten ☆☆☆☆☆
- Sich Merkwörter einprägen ☆☆☆☆☆
- Wörter am Zeilenende trennen ☆☆☆☆☆
- Grammatisches Wissen nutzen ☆☆☆☆☆

Ich bin in der Schreibung von Wörtern mit **kurz gesprochenem Vokal** sicher:

- doppelter Konsonant nach kurz gesprochenem Vokal (z. B. Pass, Schiff) ☆☆☆☆☆
- Wörter mit *k* und *z* nach kurz gesprochenem Vokal (z. B. wackeln, Tatze) ☆☆☆☆☆

Ich bin in der Schreibung von Wörtern mit **lang gesprochenem Vokal** sicher:

- Wörter mit lang gesprochenem Vokal ohne Dehnungs-h (z. B. Dose, Besen) ☆☆☆☆☆
- Wörter mit Doppelvokal (z. B. Moor, Aal) ☆☆☆☆☆
- Wörter mit Dehnungs-h (z. B. Stuhl, fahren) ☆☆☆☆☆
- Wörter mit *ie* (z. B. Ziege, viel) ☆☆☆☆☆

Ich bin sicher in der Schreibung von Wörtern mit **s-Lauten**:

- der gesummte s-Laut: *s* (z. B. Rose, niesen) ☆☆☆☆☆
- der versteckte gesummte s-Laut: s (z. B. Maus – Mäuse) ☆☆☆☆☆
- der gezischte s-Laut: *ss* und *ß* ☆☆☆☆☆

Notizen für mich:

Textquellenverzeichnis

(Die Ziffern in Klammern mit dem Zusatz „Lös." verweisen auf die Lösungsbeilage.)

S. 60 (20 Lös.): Das Fell der Alpakas ... Aus: Westdeutscher Rundfunk Köln, Alpakas, 26.02.2022, https://kinder.wdr.de/tv/neuneinhalb/neuneinhalb-lexikon/lexikon/a/lexikon-alpakas-100.html [Aufruf: 02.04.2025]; **S. 61** (20 Lös.): Alpakas gehören ... Aus: Westdeutscher Rundfunk Köln, Alpakas, 26.02.2022, https://kinder.wdr.de/tv/neuneinhalb/neuneinhalb-lexikon/lexikon/a/lexikon-alpakas-100.html [Aufruf: 02.04.2025]; **S. 61** (20 Lös.): Trotz ihres weichen Fells ... Aus: Westdeutscher Rundfunk Köln, Alpakas, 26.02.2022, https://kinder.wdr.de/tv/neuneinhalb/neuneinhalb-lexikon/lexikon/a/lexikon-alpakas-100.html [Aufruf: 02.04.2025] (verändert); **S. 61** (20 Lös.): Alpakas sind reine Pflanzenfresser. Aus: SWR Kindernetz, Alpaka, 6.10.2020, https://www.kindernetz.de/wissen/tierlexikon/steckbrief-alpaka-100.html [Aufruf: 02.04.2025]; **S. 61** (20 Lös.): Alpakas haben lange Beine ... Aus: SWR Kindernetz, Alpaka, 6.10.2020, https://www.kindernetz.de/wissen/tierlexikon/steckbrief-alpaka-100.html [Aufruf: 02.04.2025]; **S. 86:** Robert Reinick: Der Schneemann auf der Straße. Aus: Medienwerkstatt Mühlacker, www.medienwerkstatt.de, https://www.medienwerkstatt-online.de/lws_wissen/vorlagen/showcard.php?id=4100 [Aufruf: 03.04.2025]; **S. 88:** Wilhelm Busch: Im Herbst. Aus: Medienwerkstatt Mühlacker, www.medienwerkstatt.de, https://medienwerkstatt-online.de/lws_wissen/vorlagen/showcard.php?id=17011&edit=0 [Aufruf: 14.04.2025]; **S. 91:** Vera Ferra-Mikura: Regenschirme. Aus: Vera Ferra-Mikura, Christine Sormann: Bunt gefleckt, getupft, gescheckt, © 2008 Verlag Jungbrunnen, Wien; **S. 98:** Brüder Grimm: Der Froschkönig. Aus: https://www.goethe.de/lrn/prj/mlg/mad/gri/de9114036.htm [Aufruf: 14.04.2025]; **S. 117** (38 Lös.): Wer ist der Urahne des Hundes? Aus: Peter Teichmann: Hunde, Tessloff Verlag, Nürnberg 1994 (verändert); **S. 121:** Die ersten Schiffe. Aus: Wer? Wie? Was? Interessante Fragen – spannende Antworten, übersetzt von Lexa Katrin Nostitz, Tessloff Verlag, Nürnberg 1995, S. 129; **S. 125** (39 Lös.): Die Eroberung des Weltalls. Aus: Wer? Wie? Was? Interessante Fragen – spannende Antworten, übersetzt von Lexa Katrin Nostitz, Tessloff Verlag, Nürnberg 1995, S. 146 (verändert); **S. 136** (42 Lös.): Richtige Vampire. Aus: „spielen und lernen", Tierbuch, Bd. 7, Velber Verlag, Seelze 1995, S. 45 (verändert)

Bildquellenverzeichnis

|Alamy Stock Photo, Abingdon/Oxfordshire: All Canada Photos 137.1; Blossey, Hans 26.1; imageBROKER.com 138.1; John Elk III 38.1; Langolf, Waldemar 34.1; Lynch, Michael 136.1; public domain sourced / access rights from Central Historic Books 58.1; Vidimages 98.1. |Berghahn, Matthias, Bielefeld: 8.1, 9.1, 14.1, 40.1, 116.1, 117.1, 117.4, 122.1, 122.2, 124.1, 129.1, 130.2, 136.2. |DFB-Stiftung Deutsches Fußballmuseum, Dortmund: DFM/Schütze 77.1. |iStockphoto.com, Calgary: alexalexl 71.1; Antagain 57.1; Buriak, Iurii 28.1; Carmelo Forte 117.2; Donyanedomam 31.1; fotorince 60.1; igoriss Titel; jeangill 91.1; Liljegren, Anders 72.1; MesquitaFMS 83.1; mikedabell 62.2; milkal 90.2; Nagel, Frank 43.1; Nowack, Andy 47.1; Oleh_Slobodeniuk 37.1; pchoui 30.1; PenWin 103.1; PeopleImages Titel; Photofex-AT 88.1; pixdeluxe 45.1; Pollyana Ventura 45.2; RainerFuhrmann 117.5; rambo182 10.1, 10.2, 10.3, 10.4, 10.5, 10.6, 10.7, 10.8, 10.9, 10.10, 24.2, 24.3, 24.4, 24.5, 24.6, 24.7, 24.8, 24.9, 24.10, 24.11, 24.12, 24.13, 24.14, 24.15, 24.16, 24.17, 24.18, 24.19, 24.20, 24.21, 24.22, 24.23, 24.24, 24.25, 24.26, 24.27, 24.28, 24.29, 24.30, 24.31, 24.32, 24.33, 24.34, 24.35, 24.36, 54.1, 54.2, 54.3, 54.4, 54.5, 54.6, 54.7, 54.8, 54.9, 54.10, 54.11, 54.12, 54.13, 54.14, 54.15, 54.16, 54.17, 54.18, 54.19, 54.20, 54.21, 54.22, 54.23, 54.24, 54.25, 54.26, 54.27, 54.28, 54.29, 54.30, 54.31, 54.32, 54.33, 54.34, 54.35, 54.36, 54.37, 54.38, 54.39, 54.40, 54.41, 54.42, 54.43, 54.44, 54.45, 54.46, 54.47, 54.48, 54.49, 54.50, 55.1, 55.2, 55.3, 55.4, 55.5, 55.6, 55.7, 55.8, 55.9, 55.10, 55.11, 55.12, 55.13, 55.14, 55.15, 55.16, 55.17, 55.18, 55.19, 55.20, 68.1, 68.2, 68.3, 68.4, 68.5, 68.6, 68.7, 68.8, 68.9, 68.10, 68.11, 68.12, 68.13, 68.14, 68.15, 68.16, 68.17, 68.18, 68.19, 68.20, 68.21, 68.22, 68.23, 68.24, 68.25, 68.26, 68.27, 68.28, 68.29, 68.30, 85.1, 85.2, 85.3, 85.4, 85.5, 85.6, 85.7, 85.8, 85.9, 85.10, 85.11, 85.12, 85.13, 85.14, 85.15, 85.16, 85.17, 85.18, 85.19, 85.20, 85.21, 85.22, 85.23, 85.24, 85.25, 85.26, 85.27, 85.28, 85.29, 85.30, 85.31, 85.32, 85.33, 85.34, 85.35, 85.36, 85.37, 85.38, 85.39, 85.40, 85.41, 85.42, 85.43, 85.44, 85.45, 85.46, 85.47, 85.48, 85.49, 85.50, 93.1, 93.2, 93.3, 93.4, 93.5, 93.6, 93.7, 93.8, 93.9, 93.10,

93.11, 93.12, 93.13, 93.14, 93.15, 93.16, 93.17, 93.18, 93.19, 93.20, 93.21, 93.22, 93.23, 93.24, 93.25, 93.26, 93.27, 93.28, 93.29, 93.30, 93.31, 93.32, 93.33, 93.34, 93.35, 107.1, 107.2, 107.3, 107.4, 107.5, 107.6, 107.7, 107.8, 107.9, 107.10, 107.11, 107.12, 107.13, 107.14, 107.15, 107.16, 107.17, 107.18, 107.19, 107.20, 107.21, 107.22, 107.23, 107.24, 107.25, 140.1, 140.2, 140.3, 140.4, 140.5, 140.6, 140.7, 140.8, 140.9, 140.10, 140.11, 140.12, 140.13, 140.14, 140.15, 140.16, 140.17, 140.18, 140.19, 140.20, 140.21, 140.22, 140.23, 140.24, 140.25, 140.26, 140.27, 140.28, 140.29, 140.30, 140.31, 140.32, 140.33, 140.34, 140.35, 140.36, 140.37, 140.38, 140.39, 140.40, 140.41, 140.42, 140.43, 140.44, 140.45, 140.46, 140.47, 140.48, 140.49, 140.50, 140.51, 140.52, 140.53, 140.54, 140.55, 140.56, 140.57, 140.58, 140.59, 140.60, 140.61, 140.62, 140.63, 140.64, 140.65, 140.66, 140.67, 140.68, 140.69, 140.70, 140.71, 140.72, 140.73, 140.74, 140.75; Rawpixel 25.1; ROMAOSLO 119.1; romrodinka 4.7; Tatsiana Volkava 65.1; Vanchaichana, Nutthaseth 6.1; Yulia Y 63.2. |Kassing, Reinhild, Kassel: 5.1, 7.1, 7.2, 7.3, 7.4, 21.1, 22.1, 22.3, 23.1, 24.1, 32.1, 39.1, 48.1, 48.2, 52.1, 52.2, 62.1, 63.1, 67.1, 69.1, 78.1, 80.1, 81.1, 86.1, 90.1, 92.1, 92.2, 94.1, 95.1, 104.1, 106.1, 106.2, 113.1, 113.2, 114.1, 114.2, 114.3, 114.4, 117.3, 129.2, 130.1, 132.1. |Picture-Alliance GmbH, Frankfurt a.M.: dpa 17.1; dpa/Körbel, Thomas 126.1; dpa/Pressensbild 74.1. |Shutterstock.com, New York: Olga_Narcissa 33.1. |Südverlag in der Bedey & Thoms Media GmbH, Hamburg: Aus: e. o. plauen, „Vater und Sohn", Gesamtausgabe Erich Ohser © Südverlag GmbH, Konstanz, 2000 4.1, 4.2, 4.3, 4.4, 4.5, 4.6, 11.1, 11.2, 11.3, 11.4, 11.5, 11.6, 16.1, 18.1, 22.2, 23.2.